MANUEL DE LA LANGUE PERSANE VULGAIRE.

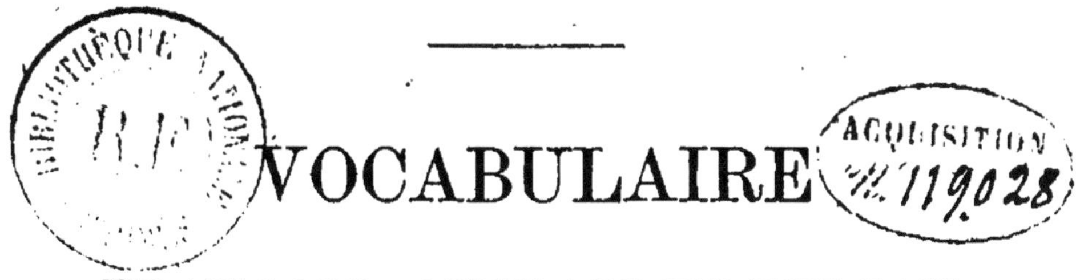

VOCABULAIRE

FRANÇAIS, ANGLAIS ET PERSAN

avec la prononciation figurée en lettres latines

PRÉCÉDÉ D'UN ABRÉGÉ DE GRAMMAIRE ET SUIVI DE

DIALOGUES AVEC LE MOT À MOT

par

STANISLAS GUYARD

Professeur à l'école des hautes études

PARIS

MAISONNEUVE & Cᵉ ÉDITEURS

25 Quai Voltaire 25

1880

Imprimerie de E. J. Brill à Leide.

AVANT-PROPOS.

Nous n'avons pas la prétention d'offrir au public un
traité complet de la langue persane moderne; l'espace
limité dont nous disposions ne nous permettait d'ailleurs point d'entrer dans de bien grands développe-
ments. Notre but, beaucoup plus modeste, a été de
faciliter aux voyageurs l'étude des premiers éléments
de la conversation. Pour atteindre cet objectif, nous
avions le choix entre une simple collection de dialogues et un Manuel proprement dit: cette dernière
forme nous a paru devoir être adoptée. Les Dialogues
ne fournissent que quelques types de phrases toutes
faites et se prêtent difficilement à des combinaisons
nouvelles; en outre, ils ne rendent compte ni des formes ni de la syntaxe: aussi n'en avons-nous donné
qu'un petit nombre, à titre de spécimens de construction, pour nous étendre plus longuement sur la Grammaire et sur le Vocabulaire [1]).

---

[1]) Un appendice au vocabulaire, l'appendice A, fournit des exemples de l'emploi de certains mots.

Notre Grammaire, bien qu'abrégée, contient les rè-gles fondamentales de la dérivation et de la syntaxe. Quant au Vocabulaire, il se compose de plus de deux mille articles dont l'équivalent persan est accompagné d'une transcription et, quand il y a lieu, d'une tra-duction littérale. Mais notre Manuel présente, en réalité, un bien plus grand nombre de mots, car à ces articles il convient d'ajouter tous les déri-vés réguliers dont la formation est seulement indiquée dans la Grammaire, ainsi que toute la série des sub-stantifs qui engendrent en persan les verbes composés, et qu'on trouvera à la quatrième colonne de notre Vocabulaire. Au cours de l'impression, nous nous som-mes décidé à enrichir encore le Dictionnaire de quel-ques termes usuels: les cinq premières lettres étant déjà tirées alors, force nous a été de rejeter à la fin les additions à ces cinq premiers chapitres. On devra donc toujours consulter, pour les cinq premières let-tres, et le Vocabulaire et les Additions au vocabulaire. Malgré le soin que nous avons apporté à la confection du Dictionnaire, bien des mots essentiels ont pu et dû nous échapper. Sur ce point, comme sur tous les autres, nous accueillerons les critiques avec reconnaissance.

ADDITION A LA GRAMMAIRE.

Devant le présent du verbe être, la négation نَه *na* est rem-
placée par une forme نى *ni* qui se combine avec lui: نيستم
niçtam "je ne suis pas"; نيستى *niçtî* "tu n'es pas"; نيست
niçt "il n'est pas; نيستيم *niçtim* "nous ne sommes pas;
نيستيد *niçtid* "vous n'êtes pas"; نيستند *niçtand* "ils ne
sont pas".

Abrégé de Grammaire.

ALPHABET.

L'alphabet persan se compose de 32 lettres dont 28 empruntées |à l'arabe et 4, le *p*, le *tch*, le *j* et le *g* doux, spéciales au persan. Ces lettres s'écrivent de droite à gauche.

Finales isolées.	Finales liées à la précédente.	Médiales.	Initiales.	Valeur.
ا	ا	ا	ا	a, â
ب	ب	ب	ب	b
پ	پ	پ	پ	p
ت	ت	ت	ت	t
ث	ث	ث	ث	ç
ج	ج	ج	ج	dj
چ	چ	چ	چ	tch
ح	ح	ح	ح	h
خ	خ	خ	خ	kh
د	د	د	د	d
ذ	ذ	ذ	ذ	z
ر	ر	ر	ر	r
ز	ز	ز	ز	z
ژ	ژ	ژ	ژ	j
س	س	س	س	ç
ش	ش	ش	ش	ch
ص	ص	ص	ص	ç

a

Finales isolées.	Finales liées à la précédente.	Médiales.	Initiales.	Valeur.
ض	ض	ضـ	ضـ	z
ط	ط	ـطـ	طـ	t
ظ	ظ	ـظـ	ظـ	z
ع	ـع	ـعـ	عـ	,
غ	ـغ	ـغـ	غـ	gh
ف	ـف	ـفـ	فـ	f
ق	ـق	ـقـ	قـ	g, gu (dur)
ك	ـك	ـكـ	كـ	k (mouillé)
گ	ـگ	ـگـ	گـ	g (mouillé)
ل	ـل	ـلـ	لـ	l
م	ـم	ـمـ	مـ	m
ن	ـن	ـنـ	نـ	n
و	ـو	ـو	و	v, où
ه	ـه	ـهـ	هـ	h
ى	ى	ـيـ	يـ	y, î

Observations. Toutes ces lettres sont susceptibles de s'attacher à la lettre *précédente;* mais quelques-unes ne s'attachent jamais à la lettre *suivante*. Ce sont ا, د, ذ, ر, ز, ژ, و et و.

De prime abord plusieurs lettres initiales, médiales et finales semblent beaucoup différer entre elles. Cette différence est plus apparente que réelle. Si l'on examine attentivement les formes initiales, médiales et finales de ces lettres, on reconnaîtra qu'elles contiennent toutes un trait fondamental (qui n'est autre que la lettre initiale) auquel viennent s'ajouter 1° une simple ligature, lorsque la lettre est précédée par une autre, 2° un appendice final, lorsque la lettre termine le mot.

Le ‌ل *l* combiné avec le ‌ا *a* forme une nouvelle ligature ‌لا.

VOYELLES.

Le persan possède huit voyelles *a*, *â*, *è*, *e*, *i*, *î*, *o*, *où* et deux diphtongues *ëï*, *ôou*. Seules les voyelles *â*, *î*, *où* sont représentées dans l'écriture par ‌ا, ‌ی et ‌و, et ce .sont encore le ‌ی et le ‌و qui servent à exprimer les deux diphtongues.

La voyelle que, faute de mieux, nous transcrivons *a* possède un son intermédiaire entre *l'a* et *l'é*, son très-semblable à ‌l'a anglais dans le mot *had*. Le son *a* se change en *è* devant un ‌ن. Ex.: آمَدَه *âmada* "venu"; آمَدَه ايم ¹) "nous sommes venus".

L'*â* se prononce presque comme *l'o* français du mot *or*. Devant *l'n*, *â* se prononce *an* long. Ainsi *ân* doit être prononcé *an + ne* et non pas â-ne.

L'*è* représente le son français de *l'e* dans *et*.

L'*e* est notre *e* muet.

L'*o* a un son intermédiaire entre *o* et *eu*.

Dans quelques mots arabes passés en persan, les sons *on* (prononcez o-ne) et *an* (a-ne) sont représentés respectivement par les signes o et ‌ؔ placés au-dessus de la consonne précédente.

PRONONCIATION.

Observation importante. Dans notre transcription, toutes les lettres, sans exception, doivent être prononcées.

Au commencement des mots, le ‌ا se prononce *a*, sauf devant

---

¹) Comme on le verra ci-dessous, dans آمَدَه ايم le ‌ه final du premier mot et le ‌ا du second sont muets.

un ‌و *où* ou un ‌ى *i*, auquel cas il devient muet et indique simplement que le ‌و et le ‌ى sont voyelles et non consonnes. Au milieu et à la fin des mots ‌ا se prononce *à*. Lorsqu'on veut représenter le son *à* au commencement d'un mot on place sur le ‌ا un signe particulier appelé *medda* et qui correspond à notre accent circonflexe: ‌آ.

Les sons *b*, *p*, *t* (‌ت, ‌ط), *ç* (‌ث, ‌س, ‌ص), *d*, *z* (‌ذ, ‌ز, ‌ض, ‌ظ), *j*, *f*, *l*, *m*, *n* (sauf devant le *b* où il se prononce *m*), *v*, *y* se prononcent comme les sons français correspondants. Toutefois les douces *b*, *d*, *v*, se changent en fortes (*p*, *t*, *f*) lorsqu'elles sont précédées ou suivies d'un consonne forte. Ainsi *açb* et *èbtèdà* se prononcent *açp* et *èptèdà; bad-lar, battar; afv, aff*. — Après un ‌خ *kh*, le ‌و *v* est souvent élidé. — Devant un *i* final le *y* ‌ى s'orthographie ‌ئ.

Le *dj* exprime un *d* suivi d'un *j*; le *tch*, un *t* suivi d'un *ch* chuintant comme celui du mot *chat*. — Le *ch* de notre transcription doit être prononcé devant toutes les voyelles comme celui de *chat*.

Le *h* (‌ح, ‌ه) représente une aspirée identique au son *h* de l'anglais dans *had, hat, home*, etc. En persan le ‌ه est souvent muet à la fin des mots; dans ce cas nous ne le transcrivons pas. Surmonté du signe ‌ء (hamza), le ‌ه muet final se prononce *y*.

Le *kh* est une aspirée très-forte identique au *ch* allemand des mots *noch, nach* et à la *jota* espagnole.

Le *r* se prononce comme en italien.

Le ‌ع que nous transcrivons' représente un léger temps d'arrêt dans la prononciation; mais, le plus souvent, cette lettre marque un redoublement de la voyelle précédente, auquel cas nous écrivons *aa, èè, oo*.

Le غ *gh* correspond originairement au *r* grasseyé. Il est toutefois bon d'observer que les Persans le confondent aujourd'hui avec le *g* dur.

Le ق *g* dur, que nous transcrirons *gu* devant l'*e* et l'*i*, diffère du *g* français en ce qu'il se forme au fond de la gorge. Dans le mot وقت "temps", le ق se prononce comme un خ: *vakht*.

Le *k* et le *g* (ك et گ) équivalent aux sons français *c* et *g* dans *cœur* et *garçon*, sauf qu'en persan ou les mouille légèrement. Pour exprimer cette nuance, je les transcrirai *ki* et *gi* devant les voyelles. Ainsi *giâv, gièrd* devront se lire *gâv, guèrd* (en mouillant le *g*) et non pas *jiâv, jièrd*.

Pour exprimer le redoublement d'une lettre on place au-dessus le signe ّ appelé *tachdid*.

Du Substantif.

Il n'y a dans les substantifs persans aucune distinction de genre. Pour quelques noms d'animaux, cette distinction est établie au moyen des mots نر *nar* et ماده *mâda*. Ex.: شير نر *chîrè nar* "lion"; شير ماده *chîrè mâda* "lionne".

Détermination et Indétermination.

L'article n'existant pas en persan, tout substantif est déterminé par lui-même. Ainsi پدر *pèdar* se rend par "le père". Un ى *i*, dit *i* d'unité, ajouté au substantif, le rend indéterminé. Ex.: پدرى *pèdarî* "un père". Toutefois, lorsque cet *i* est suivi du relatif که *kiè* "que", il prend le sens de l'article *le*, *la*, *les*. Ex.: كتابى كه دارم *kiètâbî kiè dâram* "le livre que j'ai.".

Le *î* d'unité est représenté par un hamza ء dans les mots terminés par un ه muet. Ex.: گربه *giorba* "le chat"; گربهء *giorbèî* "un chat".

Lorsque le substantif est suivi d'un adjectif, le *î* d'unité se place à volonté après le substantif ou après l'adjectif. Ex.: مرد خوب *mardè* [1] *khoûb* "l'homme bon"; مرد خوبى *mardè khoûbî* ou مردى خوب *mardî khoûb* "un homme bon".

Du nombre.

L'ancien persan distinguait deux formes de pluriel, l'une en ان *ân* pour les êtres animés, l'autre en ها *hâ* pour les êtres inanimés. Aujourd'hui tous les mots ont le pluriel en ها *hâ*: on dit aussi bien مردها *mardhâ* "hommes" que سنگها *çanghâ* 'pierres'. Toutefois, quelques substantifs ont encore la faculté de former leur pluriel en ان. Ex.: دوستان *doûçtân* ou دوستها *doûçthâ* "amis".

Le pluriel indéterminé peut s'exprimer par le singulier. Ainsi l'on dit كتاب خريدم *kiètâb khâridam* "j'ai acheté des livres", littéralement "livre j'ai acheté". Mais dès que le substantif est déterminé par un adjectif ou par une proposition, il se met nécessairement au pluriel si l'on veut exprimer la pluralité. Ex.: كتابهاى خوب *kiètâbhâyè khoûb* "de bons livres"; كتابهائى كه ديدى *kiètâbhâyî kiè dîdî* "les livres que tu as vus".

---

1) Sur l'*è* final de *mardè*, voyez le paragraphe des adjectifs.

Des cas.

Le persan ne possède que deux cas proprement dits, le génitif et l'accusatif. Le génitif s'exprime par un *è* (particule d'appartenance) non exprimé dans l'écriture et qui s'attache au premier des deux termes mis en relation. Ex.: كتاب *kiètáb* "livre";
كتاب من *kiètábè man* "le livre-de moi" = "mon livre".
Lorsque le *è* du génitif s'attache à un mot terminé par un ه
muet, ce ه s'orthographie ۀ et se prononce *èyè*. Ex.: گوربه *giorba*
"chat"; گربۀ من *giorbèyè man* "le chat de moi = mon
chat". Quand un mot se termine par un *á* ou par un *oú*, on
intercale un ى *y* entre la voyelle finale et le *è* du gènitif. Ex.:
رو *roú* "visage"; روی من *roúyè man* "le visage-de moi =
mon visage"; اسبا *açhá* "les chevaux"; اسبهای من *açháyè*
man "les chevaux-de moi = mes chevaux".

L'accusatif est indiqué par la particule را *rá*, laquelle se place
à la suite du substantif. Quand le substantif est accompagné
d'un adjectif, d'un ou de plusieurs mots qui le déterminent,
la marque de l'accusatif se met à la suite de toute l'expression
composée. Ex.: آن کتابرا دیدم *án kiètáb-rá dídam* "ce livre
j'ai vu = j'ai vu ce livre"; کتابی خوبرا دیدم *kiètábí khoúb-*
rá dídam "un livre beau j'ai vu = j'ai vu un beau livre";
کتاب فلان کسرا دیدم *kiètábè folán kaç-rá dídam* "le livre
de telle personne j'ai vu = j'ai vu le livre de telle personne".
Dans la conversation, l'on omet très-souvent la particule de
l'accusatif.

Le datif et le vocatif s'expriment, comme en français, au
moyen des particules "à", به *bè*, et "O", ای *êi*. La particule

بِه s'attache presque toujours au mot suivant sous la forme d'un simple بِ. Ex.: بِمن *bè-man* "à moi". — Le vocatif s'exprime encore au moyen d'un ا *d* qui s'attache à la fin du mot. Ex.: دوست *doûçt* "ami"; دوستنا *doûçtâ* "O ami".

DES SUBSTANTIFS ABSTRAITS.

De tout adjectif et de certains participes on peut former un substantif abstrait en ajoutant un ى *î*. Dans les mots terminés par un ه muet, le ه se transforme en گ *g* devant le suffixe ى Ex.: خوب *khoûb* "bon", خوبى *khoûbî* "bonté"; خسته *khaçta* "fatigué"; خستگى *khaçtagî* "fatigue". Cette règle étant très-générale, les abstraits en ى *î* ne seront point donnés dans notre vocabulaire.

DE L'ADJECTIF.

L'adjectif est invariable, c'est-à-dire qu'il n'admet ni genre, ni nombre. Ainsi خوب *khoûb* signifie "bon, bonne, bons, bonnes". Il se place à volonté avant ou après le substantif; dans ce dernier cas, son accord avec le substantif est marqué par le *è* d'appartenance, qui vient s'ajouter au substantif. Ex.: خوب مرد *khoûb mard* ou مرد خوب *mardè khoûb* "homme bon".

De tout substantif non terminé par ى *î* et de tout infinitif on peut former un adjectif par l'addition d'un ى *î*. Ex.: خانه *khâna* "maison"; خانگى *khânagî* (le ه muet se change en *g* devant *î*) "domestique"; زمين *zamîn* "terre"; زمينى "terrestre, de terre"; ماليدن *mâlîdan* "oindre"; ماليدنى *mâlîdanî* "servant à oindre, à oindre".

Un autre classe d'adjectifs se forme du substantif par l'addition de انه *âna*. Ex.: مرد *mard* "homme"; مردانه *mardâna* "propre aux hommes, pour hommes"; زن *zan* "femme"; زنانه *zanâna* "pour femmes".

Les expressions adjectivales telles que *d'or, d'argent, de bois* se construisent comme en français. Ex.: طلا *tèlá* "or"; نقره *nogra* "argent"; چوب *tchoûb* "bois"; از طلا *az tèlá* "d'or", از نقره *az nogra* "d'argent", از چوب *az tchoûb* "de bois".

Enfin les expressions adjectivales telles que *d'un jour, de deux mois, d'un an* s'expriment au moyen d'un *a* qui s'ajoute aux mots روز *roûz* "jour"; ماه *mâh* "mois"; سال *çál* "année". Ex.: بچهء چهار ساله *battchèyè tchahâr çála* "enfant de quatre ans".

Ces règles étant générales, les adjectifs ainsi formés ne figurent point dans notre vocabulaire.

Degrés de comparaison.

Le comparatif se forme du positif en y ajoutant تر *tar*; le superlatif se forme du positif en y ajoutant ترین *tarîn*.

Positif   Comparatif   Superlatif.

به *bèh* "bon" بهتر *bèhtar* "meilleur" بهترین *bèhtarîn* "le meilleur".

Le *que* du comparatif se rend par la particule از *az*. Ex.: از تو بهتر *az to bèhtar* "meilleur que toi". Le *de* du superlatif se rend par le génitif. Ex.: بهترین شاهان *bèhtarînè châhân* "le meilleur des rois". — *Beaucoup*, placé devant le comparatif se rend par خیلی *khêilè* Ex.: از تو خیلی بهتر است *az to khêilè bèhtar açt* "que toi beaucoup meilleur il est ═ il est beaucoup meilleur que toi".

Des noms composés.

On a la faculté, en persan, de former 1º des substantifs composés A) de deux substantifs, comme قهوه خانه *gahva-khâna* "café-maison = restaurant"; B) d'un substantif et d'un nom verbal, comme دروغ گو *droúgh-gioú* "mensonge-diseur = menteur"; 2º des adjectifs composés A) d'un adjectif et d'un substantif, comme خوب رو *khoúb-roú* "beau-visage (sous-entendu: ayant) = au beau visage, beau"; B) d'une particule et d'un substantif, comme با فايده *bâ fâida* "avec-utilité (sous-entendu: étant) = utile", بى فايده *bí-fâida* "sans-utilité = inutile".

Dans les composés du type *droúgh-gioú*, le nom verbal a généralement la forme de la 2ᵉ p. du sing. de l'impératif, ce qui permet de le dériver directement du verbe.

Beaucoup de noms de métier, d'industrie et de commerce se forment sur le type *droúgh-gioú* d'un substantif et des noms verbaux ساز *çâz* "qui fabrique", دوز *doúz* "qui coud" et فروش *feroúch* "qui vend". Ex.: كفش *kiafch* "chaussure"; دوز كفش *kiafch-doúz* "cordonnier" ساعت *çâat* "montre"; ساز ساعت *çâat-çâz* "horloger"; ميوه *mêiva* "fruits"; ميوه فروش *mêiva-feroúch* "fruitier". Les mots ainsi formés ne sont point donnés dans notre vocabulaire.

Des noms de nombre.

Voici la liste des nombres cardinaux:

1. يك *yðk*.	5. پنج *pandj*.
2. دو *do*.	6. شش *chðch*.
3. سه *çð*.	7. هفت *haft*.
4. چهار *tchahâr*.	8. هشت *hacht*.

9. نه *noh.*

10. ده *dah.*

11. يازده *yâzda.*

12. دوازده *dovâzda.*

13. سيزده *çîzda.*

14. چهارده *tchahârda.*

15. پانزده *pânzda.*

16. شانزده *chânzda.*

17. هفده *hifda.*

18. هشده *hichda.*

19. نوازده *novazda.*

20. بيست *bîçt.*

30. سى *çî.*

40. چهل *tchèhèl.*

50. پنجاه *pandjâh.*

60. شصت *chaçt.*

70. هفتاد *haftâd.*

80 هشتاد *hachtâd.*

90. نود *navad.*

100 صد *çad.*

200. دويست *devíçt.*

300. سيصد *çîçad.*

500. پانصد *pâncad.*

Remarque. Les autres centaines se forment régulièrement des unités et du mot cent.

1000. هزار *hèzâr.*

500,000 كرور *kioroûr.*

1000000 دو كرور *do kioroûr.*

De 20 à 30, de 30 à 40, etc. jusqu'à 100, les unités s'ajoutant à la dizaine au moyen de la conjonction و *o* "et". Ex.: بيست ويك *bîçt o yèk* "vingt et un"; چهل وپنج *tchèhèl o pandj* "quarante et cinq".

La conjonction "et" s'intercale aussi entre les mille et les centaines. Ex.: دو هزار وپانصد وسى وهفت *do hèzâr o pâncad o çî o haft* "deux mille et cinq-cents et trente et sept" = 2537.

La chose nombrée se met au singulier. Ex.: چهار مرد *tchahâr mard* "quatre homme" pour "quatre hommes". Il est à observer que les noms de nombre s'emploient rarement isolés. D'ordinaire on les fait suivre d'un déterminatif qui est généralement le mot تا تآ *tâ*. Ex.: چهار تا کتاب *tchahâr tâ kiètâb* "quatre livres". Il existe plusieurs autres déterminatifs dont les plus employés sont نفر *nafar* "individu" quand il s'agit d'hommes ou de chameaux, et رأس *raaç* "tête" quand il s'agit des chevaux et autres quadrupèdes. Ex.: چهار نفر دوست *tchahâr nafar doûçt* "quatre amis"; چهار رأس اسب *tchahâr raaç açp* "quatre chevaux".

La chose nombrée peut précéder le nom de nombre. Dans ce cas, le substantif se fait suivre du ی *î* d'unité. Ex.: مردی سه *mardî çè* "trois hommes".

NOMBRES ORDINAUX.

Les ordinaux se forment des cardinaux au moyen de la désinence م *om*. Ex.: پنجم *pandjom* "cinquième". Dans les ordinaux دوم *dovvom* "deuxième" (qu'on prononce ordinairement *doyyom*), ou سییم *çèyyom* "troisième" et نهم *nohhom*, "neuvième", on redouble la consonne finale du nombre cardinal. Enfin "premier" se dit plutôt اول *avval* que یکم *yèkom*.

Du Pronom.

PRONOMS PERSONNELS.

Singulier.

1ere p. من *man*, بنده *banda* [1] "je".

2e p. تو *to* "tu"

----

[1] Originairement *banda* signifie "esclave".

3e p. او *oû* "il, elle".

—— ابن این *în*, آن *ân* (pour les objets).

Pluriel.

lere p. ما *mâ* "nous".

2e p. شما *chomâ* "vous".

3e p. آنها *ânhâ*, اینها *înhâ*.

—— ایشان *ichân* "ils, elles".

من *man* et تو *to* font à l'accusatif مرا *marâ* et ترا *torâ*. Les autres pronoms forment régulièrement leur accusatif.

Ces pronoms ont encore une forme apocopée qui s'attache aux noms et aux verbes et qui exprime le génitif et le datif:

Singulier. Pluriel.

lere p. م *am.* مان *mân.*

2e p. ت *at.* تان *tân.*

3e p. ش *ach.* شان *chân.*

Remarque 1. Les trois pronoms du pluriel, quand ils sont pris au génitif, exigent la présence du *è* d'appartenance dans le substantif auquel ils s'attachent.

Remarque 2. On intercale un *y* euphonique entre ¡les pronoms suffixes et les mots terminés par *â*, *î* et *oû*. Ex.: رو *roû* "visage"; رویم *roûyam* "mon visage".

Exemples des pronoms suffixes.

کتابم *kiètâbam* "le livre-de moi" = "mon livre".

کتابت *kiètâbat* "le livre de toi" = "ton livre".

کتابش *kiètâbach* "le livre de lui" = "son livre".

کتابمان *kiètâbèmân* "le livre de nous" = "notre livre".

کتابتان *kiètâbètân* "le livre de vous" = "votre livre".

کتابشان *kiètâbèchân* "le livre d'eux" = "leur livre".

گفتمت *gioftamat* (*gioftam-at*) "j'ai dit à toi = je t'ai dit".

دیدمشان *dîdamchân* (*dîdam-chân*) "j'ai vu eux = je les ai vus".

On pourrait dans tous ces exemples remplacer les pronoms suffixes par les pronoms isolés et dire کتاب من *kiètâbè man* pour گفتمت *kiètâbam*, etc.; بتو گفتم *bè-to gioftam* pour گفتمت *gioftamat*, etc.

PRONOMS RÉFLÉCHIS.

Le pronom réfléchi خود *khod* s'emploie pour les trois personnes. Ex.:

کتاب خود بمن داد *kiètâbè khod bè-man dâd* "le livre-de soi (son livre) à-moi il a donné".

باو دادم — — *kiètâbè khod bè-oû dâdam* "le livre de soi (mon livre) à-lui j'ai donné".

بمن دادند — — *kiètâbè khod bè-man dâdand* "le livre de soi (leur livre) à moi ils ont donné".

Ces exemples montrent que le pronom réfléchi persan représente toujours le sujet de la phrase. Combiné avec les pronoms personnels suffixes, خود *khod* donne naissance aux pronoms réfléchis suivants:

خودم *khodam* "moi-même".

خودت *khodat* "toi-même".

خودش *khodach* "lui-même, elle-même".

خودمان *khodèmân* "nous-mêmes".

خودتان *khodètán* "vous-mêmes".

خودشان *khodèchán* "eux-mêmes, elles mêmes".

PRONOMS POSSESSIFS.

Les pronoms possessifs n'existent pas en persan. "Mon livre" se tourne par "le livre de moi", "votre livre" par "le livre de vous", etc. Voyez ci-dessus les pronoms personnels.

DÉMONSTRATIFS.

Il y a en persan deux démonstratifs, این *ín* et آن *án*, qui s'emploient pour les deux genres et les deux nombres.

Ex.: این مرد *ín mard* "cet homme-ci"; آن زن *án zan* "cette femme-là"; این کتابها *ín kiètábhá* "ces livres-ci".

Le pluriel de این *ín* et de آن *án* ne s'emploie que quand ces démonstratifs sont isolés. Ex.: آنها را دیدم *ánhá-rá dídam* "j'ai vu ceux-là".

RELATIFS.

Il y a deux relatifs, که *kiè* et چه *tchè*. Le premier s'emploie indifféremment pour les personnes et pour les choses, pour le singulier comme pour le pluriel. Le second ne s'emploie qu'après le démonstratif آن *án*.

Devant le relatif که *kiè* les noms prennent le ی *í* d'unité. Ex.: آن اسبی که خریدی *án aspí kiè kharídí* "ce cheval que tu as acheté."

Après les verbes de déclaration, le relatif که *kiè* sert à introduire le discours direct. Il correspond alors à nos deux points. Ex.: بمن گفت که خواهم آمد *bè-man gioft kiè khâham âmad* "à moi il a dit: je viendrai ⸗ il m'a dit qu'il viendrait".

INTERROGATIFS.

چه *tchè* "Quel, quelle, quels, quelles?"

كدام *kiodâm* "Lequel, laquelle, lesquels, lesquelles?"

كه *ki* "Qui?"

چه *tchi* "Quoi?"

Devant le verbe است *açt* "il est" كه *ki* et چه *tchi* changent leur ه muet en *i* et است s'attache à eux en perdant son ا: كيست *kiçt* "qui est-ce?" چيست *tchiçt* "qu'est-ce?"

INDÉFINI.

L'indéfini *on* s'exprime en persan par le mot آدم *âdam* "homme" ou par la 3e pers. du pluriel d'un temps verbal. Ex.: آدم نميتواند *âdam namîtavânad* "homme ne peut ⸗ on ne peut" ميگويند كه *mîgioûyand kiè* "ils disent que" pour "on dit que". *On peut* se dit ميتوان *mîtavân*, forme spéciale dérivée du verbe توانستن *tavânèçtan* "pouvoir".

Du Verbe.

Le verbe persan est simple, comme كندن *kiandan* "arracher" ou composé, comme تمام كردن *tamâm kiardan* "fin faire ⸗ finir", تيز كردن *tîz kiardan* "aigu faire ⸗ aiguiser", اتفاق افتادن *èttèfâg oftâdan* "conjoncturé tomber ⸗ arriver", en parlant d'un évènement. Pour témoigner de la déférence à quelqu'un de qui l'on parle ou à qui l'on parle, il est d'usage de remplacer کردن *kiardan* "faire", dans les verbes composés à l'aide de ce verbe, par نمودن *nemoûdan* "montrer" ou فرمودن *farmoûdan* "ordonner". Ces deux verbes deviennent, dans ce cas, synonymes de *kiardan*.

Toutes les formes du verbe se dérivent très·facilement de deux thèmes, le thème de l'infinitif et celui de l'impératif. L'infinitif est toujours terminé en تن *tan* ou en دن *dan* [1]: *dan* est employé à la suite des consonnes douces ن *n* et ر *r*, et des voyelles; *tan*, à la suite de toutes les consonnes fortes. Ex.: کندن *kiandan*, کردن *kiardan*, خریدن *kharîdan*; mais رفتن *raftan*, داشتن *dâchtan*, etc.

Dans le verbe régulier, le thème de l'impératif s'obtient en retranchant la désinence de l'infinitif. Ex.: کندن *kiandan* "arracher"; impératif کن *kian* "arrache".

Dans le verbe irrégulier, outre la suppression de la désinence de l'infinitif, la consonne qui précède cette désinence subit un changement particulier sur lequel nous allons revenir.

Dans la majorité des verbes en یدن *îdan*, le thème de l'impératif s'obtient en retranchant les syllabes *îdan*. Ex.: خریدن *kharîdan* "acheter", impér. خر *khar* "achète". Font exception les verbes suivants:

آفریدن *âfarîdan* "créer" impér. آفرین *âfarîn*.

چیدن *tchîdan* "cueillir" impér. چین *tchîn*.

دیدن *dîdan* "voir" impér. بین *bîn*.

شنیدن *chenîdan* "entendre" impér. شنو *chenôou*.

---

1) Sur l'infinitif apocopé, voyez le paragraphe de la conjugaison.

b

گزیدن *gioztdan* "choisir" impér. گزین *giozin*.

Les autres verbes irréguliers sont toutefois soumis à certaines lois générales que nous allons faire connaître. Etant donnée
la suppression du *dan* ou du *tan* de l'infinitif, la lettre finale
du thème ainsi obtenu subit les changements suivants:

ف *f* devient ب *b*. Ex.: نافتن *tâftan* "briller", impér.
ناب *tâb*.

خ *kh* devient ز *z*. Ex.: آویاختن *avíkhtan* "suspendre", impér. آویز *avíz*.

و *ou* devient ا *â*. Ex.: نمودن *nemoûdan* "montrer", impér.
نما *nemâ*.

ش *ch* devient ر *r*. Ex.: داشتن *dâchtan* "avoir", impér.
دار *dâr*.

ا *â* disparaît. Ex.: فرستادن *fèrèçtâdan* "envoyer", impér.
فرست *fèrèçt*.

س *ç*, précédé de *nè*, disparait. Ex.: مانستن *mânèçtan* "res-
sembler", impér. مان *mân*.

Les verbes faisant exception à ces règles sont donnés dans la
liste qui suit.

InFINITIF.	IMPÉRATIF.
آمدن *âmadan* "venir".	آ *â*.
آوردن *âvordan* "apporter".	آور *âvar*, et par contraction آر *âr*.
بایستن *bâíçtan* "falloir, devoir".	با *bâ* (inusité, mais sert à former les temps dérivés).
بردن *bordan* "porter".	بر *bar*.
بستن *baçtan* "lier"	بند *band*.

INFINITIF.	IMPÉRATIF.
بودن *boûdan* "être".	باش *bâch*.
پاختن *pokhtan* "cuire".	پز *paz*.
جستن *djoçtan* "chercher".	جو *djoû*.
جستن *djaçtan* "sauter".	جه *djah*.
بر خاستن *bar-khâçtan* "se lever".	بر خیز *bar-khîz*.
خواستن *khâçtan* "vouloir".	خواه *khâh*.
رستن *roçtan* "croître".	رو *roû*.
رفتن *raftan* "aller".	رو *rôou*.
زدن *zadan* "frapper".	زن *zan*.
ساختن *çakhtan* "peser".	سنج *çandj*.
شدن *cnodan* "devenir".	شو *chôou*.
شستن *choçtan* "laver".	شور *choûr*.
شکستن *chèkiaçtan* "briser".	شکن *chèkian*.
شناختن *chenâkhtan* "connaî-tre".	شناس *chenâç*.
فروختن *feroûkhtan* "vendre".	فروش *feroûch*.
کافتن *kiâftan* "creuser".	کاو *kiâv*.
کردن *kiardan* "faire".	کن *kion*.
گرفتن *gièrèftan* "prendre".	گیر *gîr*.
گفتن *gioftan* "dire".	گو *gioû*.
مردن *mordan* "mourir".	میر *mîr*.
نشستن *nèchaçtan* "s'asseoir".	نشین *nechin*.
نوشتن *nevèchtan* "écrire".	نویس *nevîç*.

Remarque. Les impératifs en *ôou* changent *ôou* en *av* devant les désinences personnelles. Les impératifs en *a*, *oû* et *i* intercalent un *y* euphonique devant ces mêmes désinences.

CONJUGAISON.

Les formes dérivées de l'infinitif sont:

1° *Le nom verbal futur*, formé par l'addition d'un *i* à l'infinitif. Ex.: كندنى *kiandanî* "ce qui doit être arraché".

2° Le *participe passif*, qui sert également de *participe passé actif*. Il se forme en remplaçant le ن *n* de l'infinitif par un ه muet. Ex : كنده *kianda* "arraché, ayant arraché". Combiné avec le présent, l'imparfait et le subjonctif du verbe بودن *boudan* "être", ce participe donne le parfait composé, le plus-que-parfait, et le passé du subjonctif; combiné avec le verbe شدن *chodan* "devenir", il donne naissance au passif.

3° Le *parfait*, dont la 3ᵉ pers. du sing. s'obtient en retranchant *an* de l'infinitif. Ex.: كندن *kiandan* "arracher"; كند *kiand* "il a arraché. Les autres personnes se forment en ajoutant à la 3ᵉ pers. certaines désinences dont la liste est donnée ci-dessous.

Remarque. *L'imparfait* se forme en préfixant la syllabe مي *mî* au parfait.

4° Le *futur*, qui se forme de l'auxiliaire خواستن *khâçtan* "vouloir" et de l'infinitif apocopé. L'infinitif apocopé s'obtient en retranchant *an* de l'infinitif plein. Ex.: كندن *kiandan*; infin. apoc. كند *kiand*.

Les formes dérivées de l'impératif sont:

1° Le *participe présent*, formé par l'addition de أن *ân* ou de أنده *anda* au thème de l'impératif. Ex.: كنان *kianân* ou كننده *kiananda* "arrachant".

2° Le *subjonctif*, formé par l'addition des désinences personnelles au thème de l'impératif, et par la préfixation d'une particule بِه *bè* qui ne peut être supprimée que dans les verbes composés. Ce même بِه *bè* se préfixe géneralement aussi à l'impératif. Lorsque le verbe commence par une voyelle, cette particule بِه *bè* se change eu بى *biy*.

3° Le *présent*, formé par l'addition des désinences personnelles et la préfixation de مى *mi*.

Remarque. Lorsque le thème de l'impératif se termine par une voyelle, un ى *y* euphonique s'intercale entre la susdite voyelle et les désinences personnelles. Il en est de même au subjonctif.

DÉSINENCES PERSONNELLES.

Les désinences personnelles sont les mêmes pour tous les temps, à cette exception près que la 3e pers. du sing. du parfait et celle de l'imparfait sont privées de toute désinence.

	Singulier.		*Pluriel.*
1ere pers.	م *am.*	يم	*im.*
2e pers.	ى *i.*	يد	*id.*
3e pers.	د *ad.*	ند	*and.*

VERBES AUXILAIRES.

L'auxiliaire بودن *boûdan* "être", impér. باش *bâch*, remplit les fonctions des auxiliaires français *être* et *avoir*. Son présent, qui est irrégulier, a deux formes, l'une isolée, l'autre qui s'agglutine avec les participes, les pronoms personnels, les substantifs et les adjectifs.

PRÉSENT ISOLÉ.

Singulier.		Pluriel.	
1ere p. هستم *haçtam* "je suis"		هستيم *haçtîm* "nous sommes".	
2e p. هستى *haçtî* "tu es"		هستيد *haçtîd* "vous êtes".	
3e p. هست *haçt* "il, elle est"		هستند *haçtand* "ils, elles sont".	

PRÉSENT AGGLUTINÉ.

Singulier.		Pluriel.	
1ere p. ام *am.*		ايم *îm.*	
2e p. اى *î.*		ايد *îd.*	
3e p. است *açt.*		اند *and.*	

Remarque. Le présent du verbe être se combine, comme il suit, avec les pronoms personnels:

منم *manam* "c'est moi qui suis"

مائيم *mâyîm* "c'est nous qui sommes"

توئى *toyî* "c'est toi qui es"

شمائيد *chomâyîd* "c'est vous qui êtes"

اوست *oùçt* "c'est lui (ou elle) qui est"

ايشانند *îchânand* "c'est eux (ou elles) qui sont".

Il s'attache aussi généralement aux substantifs et aux adjectifs sous la forme م *am*, ى *î*, است *açt*, يم *îm*, يد *îd*, ند *and* en perdant l' ا initial sauf à la 3e p. du sing.

L'imparfait du verbe "être", qui sert à former le plus-que parfait des autres verbes, est privé de la particule مى *mî*. Il en est de même, d'ailleurs, du verbe داشتن *dâchtan* "avoir", qui ne prend la particule *mî*, ni au présent, ni à l'imparfait.

IMPARFAIT DE *boûdan.*

Singulier.	Pluriel.
1ere p. بودم *boûdam.*	بوديم *boûdîm.*
2e p. بودى *boûdî.*	بوديد *boûdîd.*
3e p. بود *boûd.*	بودند *boûdand.*

Le subjonctif sert à former le passé du subjonctif des autres verbes:

SUBJONCTIF DE *boûdan.*

Singulier.	Pluriel.
1ore p. باشم *bâcham.*	باشيم *bâchîm.*
2e p. باشى *bâchî.*	باشيد *bâchîd.*
3e p. باشد *bâchad.*	باشند *bâchand.*

AUXILIAIRE *chodan.*

L'auxiliaire شدن *chodan* "devenir", impér. شو *chôou*, sert à former le passif. Sa conjuguaison est régulière.

AUXILIAIRE *khâçtan.*

Le présent de خواستن *khâçtan* "vouloir" (impér. خواه *khâh*) combiné avec l'infinitif apocopé, donne le futur. Ce présent n'admet pas la particule مى *mî.*

PRÉSENT DE *khâçtan.*

Singulier.	Pluriel.
1ere p. خواهم *khâham.*	خواهيم *khâhîm.*
2e p. خواهى *khâhî.*	خواهيد *khâhîd.*
3e p. خواهد *khâhad.*	خواهند *khâhand.*

Maintenant que nous avons indiqué les principes et détaillé les éléments de la conjugaison il nous reste à donner le tableau d'un verbe conjugué. Nous prend_rons pour exemple كردن *kiardan* "faire", impér. کن *kion*.

Ajoutons auparavant que dans les verbes composés, comme تمام كردن *tamâm kiardan* "fin faire = finir", et dans ceux qui sont précédés des particules بر *bar*, وا *vâ*, باز *bâz* et پس *paç*[1]), les auxiliaires, le préfixe du présent et de l'imparfait de l'indicatif: مى *mî*, celui de l'impératif et du subjonctif: به *bè*, s'intercalent entre le substantif ou la particule et le verbe qui les suit. Ainsi le présent de تمام كردن *tamâm kiardan* est تمام ميكنم *tamâm mîkionam*; le futur de بر خاستن *bar-khâçtan* "se lever" est بر خواهم خاست *bar khâham khâçt*; le subjonctif de باز آمدن *bâz âmadan* "re-venir" est باز بيايم *bâz biyâyam*.

---

1) Ces deux dernières signifient "de nouveau" et s'emploient là où nous mettons en français *re*, comme dans revenir, retenir, etc.

کردن *kiardan* "faire"

Nom verbal du futur.

کردنی *kiardaní* "ce qui doit être fait"

Participe passif et Participe passé actif.

کرده *kiarda* "fait, ayant fait".

PARFAIT.

Sing.   *Plur.*

1ere p. کردم *kiardam* "j'ai fait"   کردیم *kiardím* 'nous avons fait".

2e p. کردی *kiardí* "tu as fait"   کردید *kiardíd* "vous avez fait".

3e p. کرد *kiard* "il, elle a fait" کردند *kiardand* "ils, elles ont fait".

PARFAIT COMPOSÉ.

Sing.   *Plur.*

1ere p. ام { *kiarda am* "j'ai fait"   ایم { *kiardè ím* "nous avons fait".

2e p. کرده اى { *kiardè í* "tu as fait"   کرده اید { *kiardè íd* "vous avez fait".

3e p. است { *kiarda-açt* "il, elle a fait" اند { *kiarda-and* "ils, elles ont fait".

IMPARFAIT.

	Sing.			Plur.	
1re p.	میکردم	*mîkiardam* "je faisais"	میکردیم	*mîkiardîm* "nous faisions".
2e p.	میکردی	*mîkiardî* "tu faisais"	میکردید	*mîkiardîd* "vous faisiez".
3e p.	میکرد	*mîkiard* "il, elle faisait"	میکردند	*mîkiardand* "ils faisaient".

PLUS-QUE-PARFAIT.

	Sing.					Plur.			
1re p.	بودم	}	*kiarda*	{	*boûdam* "j'avais fait"	بودیم	} *kiarda* {	*boûdîm* "nous avions fait".
2^e p.	بودی	} کرده			*boûdî* "tu avais fait"	بودید	} کرده {	*boûdîd* "vous aviez fait".
3^e p.	بود	}		{	*boûd* "il, elle avait fait"	بودند		*boûdand* "ils, elles avaient fait".

FUTUR.

	Sing.				Plur.		
1re p.	خواهم	*khâham*	"je ferai"	خواهیم	*khâhîm*	"nous ferons".
2e p.	خواهی	*khâhî*	*kiard* "tu feras"	خواهید	*khâhîd*	*kiard* "vous ferez".
3e p.	خواهد	*khâhad*	"il, elle fera"	خواهند	*khâhand*	"ils, elles feront".

(کرد *kiard*)

PASSÉ DU SUBJONCTIF.

	Sing.				Plur.		
1re p.	باشم	} *kiarda*	*bâcham* "que j'aie fait"	باشیم	} *kiarda*	*bâchîm* "que nous ayons fait".
2e p.	باشی	} کرده	*bâchî* "que tu aies fait"	باشید	} کرده	*bâchîd* "que vous ayez fait".
3e p.	باشد	}	*bâchad* "qu'il, qu'elle ait fait"	باشند	}	*bâchand* "qu'ils, qu'elles aient f…

2e p. sg. كن *kion* ou بكن *bekion* "fais".

1ere p. pl. كنيم *kionim* ou بكنيم *bekionim* "faisons".

2e p. pl. كنيد *kionid* ou بكنيد *bekionid* "faites".

3e p. pl. كنند *kionand* ou بكنند *bekionand* "qu'ils, qu'elles fassent".

Participe présent.

كنان *kionân*
كننده *kionanda* } faisant.

PRÉSENT DE L'INDICATIF.

Sing.

1ere p. ميكنم *mikionam* "je fais"

2e p. ميكنی *mikioni* "tu fais"

3e p. ميكند *mikionad* "il, elle fait"

Plur.

ميكنيم *mikionim* "nous faisons".

ميكنيد *mikionid* "vous faites".

ميكنند *mikionand* "ils, elles font".

PRÉSENT DU SUBJONCTIF.

Sing.

1ere p. كنم *kionam* ou بكنم *bekionam* "que je fasse"

2e p. كنی *kioni* ou بكنی *bekioni* "que tu fasses"

3e p. كند *kionad* ou بكند *bekionad* "qu'il, qu'elle fasse"

Plur.

كنيم *kionim* ou بكنيم *bekionim* "que nous fassions".

كنيد *kionid* ou بكنيد *bekionid* "que vous fassiez".

كنند *kionand* ou بكنند *bekionand* "qu'ils, qu'elles fassent".

PASSIF.

Le passif se forme du participe passif et du verbe شدن *chodan* "devenir" conjugué comme le verbe ci-dessus. Dans les verbes composés d'un substantif ou d'un adjectif et du verbe کردن *kiardan* "faire", au passif, *kiardan* est remplacé par *chodan*. Voici quelques exemples:

کرده شده باشم *kiarda choda bácham* "que j'aie été fait".

تمام شد *tamám chod* "il est fini" (littéral. "fin il est devenu).

CAUSATIF.

Le causatif s'obtient en ajoutant au thème de l'impératif la désinence اندن *ándan* ou انیدن *ánidan*. Ex.: گذشتن *giozachtan* "passer" imp. گذر *giozar*, causatif گذراندن *giozarándan* "faire passer". Les verbes n'ont pas tous leur causatif. L'usage seul peut faire connaître ceux qui ont la faculté de le former.

RÉFLÉCHI.

Le réfléchi se forme comme en français en préfixant au verbe خودرا *khod-rá* "soi-même, se".

SUR L'EMPLOI DE CERTAINES FORMES VERBALES.

Infinitif. L'infinitif peut s'employer substantivement. Ex.: آمدن شما *ámadanè chomá* "le venir de vous" $=$ "votre venue".

L'infinitif apocopé s'emploie non seulement après l'auxiliaire *kháham*, mais encore après باید *báyad* "il faut" et میتوان *mítaván* "on peut".

Participe passé actif. Cette forme remplace la conjonction française *quand* suivie du futur passé. Ex.: "Quand je serai arrivé à la maison" بمنزل رسيده *bè-manzèl raçída* (à-maison étant arrivé)

Présent de l'indicatif. Après une proposition incidente gouvernée par la conjonction *si*, le futur de la proposition principale peut se rendre en persan par le présent de l'indicatif. Ex.: "Si vous venez, je vous donnerai" اگر بیابید بشما میدهم *agiar biydyíd bè-chomá mídaham* (si que-vous-veniez à-vous je-donne).

Imparfait de l'indicatif. L'imparfait remplace notre conditionnel. Ex : "Si vous veniez, je vous donnerais" اگر میامدید بشما میدادم *agiar mídmadíd bè-chomá mídádam* (si vous-veniez à-vous je-donnais). Le plus-que-parfait, dans le même cas, s'emploie pour notre conditionnel passé.

Subjonctif. Le subjonctif remplace notre infinitif après un verbe à un mode personnel. Ex.: "Je veux aller" میخواهم بروم *míkháham beravam* (je-veux que-j'aille).

ADVERBE. PRÉPOSITION. CONJONCTION.

Comme on trouvera dans le vocabulaire toutes les particules usitées en persan, je me contenterai ici de faire les observations suivantes.

La négation est *ma* devant la 2e p. du sing. de l'impératif, et *na* dans tous les autres cas. Ex.: مكن *makion* "ne fais pas"; نکنید *nakioníd* "ne faites pas".

Les conjonctions اگر *agiar* "si", مگر *magiar* "à moins que", تا *tá* "afin que" exigent l'emploi du subjonctif.

Plusieurs substantifs sont devenus des prépositions. Il ne s'en construisent pas moins avec le mot qu'ils régissent. Ex.:

رو *roû* "visage, surface"; روى ميز *roûyè mîz* "sur la table" (littéral. surface-de la table).

CONSTRUCTION.

En persan, le verbe se place de préférence à la fin de la phrase, aussi bien dans les propositions incidentes que dans les principales. Ex.: "Le temps est très-beau aujourd'hui امروز هوا خيلى خوب است *amroûz havá khêïlè khoûb açt* (aujourd'hui temps très-beau est). — "Mon frère m'a donné le livre qu'il a acheté" برادر من كتابىرا كه خريده است بمن داد *brâdarè man kiètâbí-râ kiè kharída-açt bè-man dâd* (frère-de moi le-livre que il-a-acheté à-moi il-a-donné).

Le verbe persan peut à volonté s'accorder ou ne pas s'accorder avec un sujet au pluriel. Dans le langage usuel, l'emploi du singulier est plus fréquent que celui du pluriel.

Pour exprimer l'interrogation, le persan se sert des particules هيچ *hîtch* "aucunement?" ايا *âyâ* "est-ce que?" Ex.: هيچ (ou: آيا) نان داريد *hîtch* (ou: *âyâ*) *nân dâríd* "aucunement (ou: est-ce-que) pain vous-avez?" (avez-vous du pain). Mais on peut dire aussi: شما نان داريد *chomâ nân dâríd* "vous pain vous-avez?" C'est alors l'inflexion de la voix qui marque l'interrogation.

DE L'ACCENT.

Il y a en persan deux accents 1° *l'accent d'intensité* qui consiste à appuyer fortement sur une syllabe, 2° *l'accent tonique* qui consiste dans l'élévation de la voix sur une syllabe.

L'accent d'intensité frappe toujours la dernière voyelle du *mot* avec la consonne qui la précède, excepté dans le cas où la dernière voyelle du mot est 1° l'*è* du génitif; 2° le *í* dit d'unité;

3º la voyelle d'un pronom affixe. Ainsi dans پدر من *pèdarè man* "le père-de moi" پدری *pèdarí* "un père", پدرم *pèdaram* "mon père", c'est la syllabe *da* qui prend l'accent d'intensité.

L'accent tonique coïncide avec l'accent d'intensité, excepté dans les verbes, où il persiste sur la dernière voyelle *radicale*. Ainsi dans آمدم *âmádam* "je suis venu", la voix s'élève sur l'*á*, qui est la dernière voyelle radicale du verbe, tandisque l'accent d'intensité frappe le dernier *a* du *mot* avec la consonne qui le précède. De même dans روم *rávam*, la voix s'élève sur le premier *a*, tandisque la syllabe forte est *va*. Quand le verbe est précédé de la syllabe *bè* du subjonctif, du *na* ou du *ma* négatif, ou d'un préfixe comme *bar*, *báz*, l'accent tonique abandonne la dernière voyelle radicale et vient se fixer sur *bè*, *na*, *ma*, *bar* et *báz*. Ex.: بر خاستم *bár-kháçtam* "je me suis levé"; نرويد *náravíd* "n'allez-pas", etc.

Dans les mots de plus de deux syllabes, ou constate parfois la présence d'un second accent d'intensité moins fort que celui qui frappe la dernière syllabe. Par exemple dans آمدم *âmá-dam* "je suis venu", il faut appuyer non seulement sur *da*, mais encore sur *á*.

Grâce à l'accent d'intensité دادم *dâdam* "j'ai donné" se distingue dans la prononciation de دادم *dâdam* "il m'a donné"; خوبی *khoûbí* "la bonté" de خوبی *khoûbí* "tu es bon", etc. etc.

VOCABULAIRE

FRANÇAIS — ANGLAIS — PERSAN.

A.

A.	To; at; in.
Abaisser.	To lower.
Abandonner.	To forsake.
Abeille.	Bee.
Abîmer. Voy. Gâter.	
Aborder.	To land.
Aboyer.	To bark.
Abri.	Shelter.
Abricot.	Apricot.
Accepter.	To accept.
Accompagner.	To accompany.
Accrocher.	To hang up.
Acheter.	To buy.
Achever.	To complete.
Acier.	Steel.
Acquérir.	To acquire.
Adieu.	Good Bye.
Adroit, te.	Clever.
Affaire.	Business.

به — در — مل   *bè; dar; mâlè.* **A** [1].

پست کردن   *paçt kiardan.* Bas faire.

رها کردن   *rahâ kiardan.* Abandon faire.

زنبور   *zamboûr.*

بکنار آمدن   *bè-kianâr âmadan.* A côté venir.

اف اف کردن — لایدن   *af af kiardan.* Faire *af af; lâîdan.*

پناه   *pènâh.* **A.**

زردالو   *zardâloû.*

قبول کردن   *gaboûl kiardan.* Acceptation faire.

بدرقه کردن   *badarga kardan.* Accompagnement faire.

آویختن — بر آویختن   *âvîkhtan; bar-âvîkhtan.*

خریدن   *kharîdan.*

تمام کردن — بسر بردن   *tamâm kiardan.* Fin faire; *bè-çar bordan.* A extrémité amener.

پولاد   *poûlâd.*

تحصیل کردن   *tahçîl kiardan.* Acquisition faire.

خدا حافظ شما   *khodâ hâfèzè choma.* Dieu gardien-de vous.

چیره دست   *tchîra-daçt.* Habile-main (ayant).

کار   *kiâr.*

1) La lettre A renvoie à l'appendice A.

Afin.	So that.
Age.	Age.
Agent.	Agent.
Agneau.	Lamb.
Agréable.	Pleasant.
Aider.	To help.
Aigle.	Eagle.
Aigre.	Sour.
Aiguille.	Needle.
Aiguiser.	To sharpen.
Ail.	Garlic.
Aile.	Wing.
Ailleurs.	Some where else.
Aimable.	Amiable.
Aimer.	To love; to like.
Ainsi.	So (this way).
Air.	Air. Song.
Air (Avoir l').	To Seem.
Aisselle.	Arm-pit.
Aliment.	Food.
Alléger.	To lighten.
Aller.	To go.
Allumer.	To light.
Allumette.	Match.

تا	*tâ.*
سنّ — سال	*çènn; çâl.* A.
مصلحت گذار	*maçlahat-giozâr.* Affaire accomplissant.
برّه	*barra.*
خوش — با مزه	*khoch; bâ maza.* Avec-goût.
معاونت کردن	*modvanat kiardan.* Aide faire.
قره قوش	*qara-qoûch.*
ترش	*torch.* A.
سوزن	*çoûzan.*
تیز کردن	*tîz kiardan.* Aigu faire.
سیر	*çîr.*
پر	*par.*
جای دیگر	*djâyè dîgiar.* Endroit autre.
پسندیده — مرغوب	*paçandîda; marghoûb.*
دوست داشتن	*doûçt dâchtan.* Ami avoir.
این طور — چنین	*în tôour.* (De) cette façon ; *tchènîn.*
هوا — آوازه	*havâ; âvâza.* A.
نمودن	*nemoûdan.*
بغل	*baghal.*
طعام — خوراك	*taâm; khorâk.*
تخفیف کردن	*takhfîf kiardan.* Allégement faire.
رفتن	*raftan.*
سوزاندن — آتش کردن	*qoûzândan; âtèch kiardan.* Feu faire.
کبریت	*kibrît.*

Alors.	Then.
Altéré.	Thirsty.
Amande.	Almond.
Ambassade.	Embassy.
Ambassadeur.	Ambassador.
Amener.	To bring.
Amer.	Bitter.
Ami, e.	Friend.
Amitié.	Friendship.
A moins de *ou* que.	Unless.
Amour.	Love.
Amoureux.	Lover.
Amusant.	Funny.
Amuser (S').	To enjoy one self.
Ancien, ne.	Ancient.
Ane.	Donkey.
Ange.	Angel.
Animal.	Animal.
Année.	Year.
Annoncer.	To inform.
Apercevoir.	To perceive.
Apercevoir (S').	To perceive.
Appartenir.	To belong to.
Appeler (Crier; Nommer).	To call.

آن وقت — *án vakht.* (En) ce temps.

تشنه — *tachna.*

بادم — *bádám.*

سفارت خانه — *çè fârat-khâna.* Légation-maison.

ايلچى — وزير مختار — *èltchí; vazírè mokhtár.* Ministre choisi.

آوردن — *ávordan.*

تلخ — *talkh.*

دوست — *doúçt.*

دوستى — محبت — *doúçtí; mahabbat.*

مگر — مگر که — *magiar; magiar kiè.*

عشق — *èchg.*

عاشق — *áchèg.*

با مزه — *bâ maxa.*

عيش (دماغ ou) كردن — *êïch (ou: damâgh) kiardan.* Vie (ou: amusement) faire.

قديم — *gadím.*

خر — *khar.*

ملاك — *malák.*

حيوان — جانور — *hêïván; djânvar.*

سال — *çál.*

خبر دادن (كردن ou) — *khabar dádan (ou kiardan).* Avis donner (ou faire).

بنظر آمدن — *bè-nazar ámadan.* A.

دانستن — *dánèçtan.*

مال .... بودن — *mál .... boúdan.* A.

صدا کردن — خواندن — *çèdá kardán.* Voix faire; *khándan.*

Appétit.	Appetite.
Apporter.	To bring.
Apprendre.	To learn; to hear.
Apprêter.	To prepare, get ready.
Approcher (S').	To come near.
Approuver.	To approve of.
Appuyer (S').	To lean.
Après, prép.	Next to.
Après, adv.	After.
Après-demain.	After to-morrow.
Après que.	When.
Araignée.	Spider.
Arbre.	Tree.
Arc.	Bow.
Arc en ciel.	Rain-bow.
Argent (métal).	Silver.
Argent (En).	Silver.
Argent (monnaie).	Money.
Arme.	Weapon.
Armée.	Army.
Arracher.	To pull.
Arranger.	To arrange, to set.
Arrêter.	To stop, to arrest.

اشتنها	*èchtèhá.*
آوردن	*ávordan.*
یاد گرفتن — خواندن — شنیدن	*yád gièrèftan.* Mémoire prendre; *khándán; chenídan.* A.
حاضر کردن	*házèr kiardan.* Prêt faire.
نزدیک آمدن	*nazdík ámadan.* Près venir.
پسندیدن	*paçandídan.*
تکیه کردن	*takya kardan.* Appui faire.
بعد از — پس از	*baad az; paç az.* Après de.
بعد از این — پس از این	*baad az ín; paç an ín.* Après de ceci.
پش فردا	*Paç-fardá.*
بعد از این که	*baad az ín kiè.* Après de ceci que.
عنکبوت	*ankiabóút.*
درخت	*derakht.*
کمان	*kiamán.*
قوس قزح	*qoúçè qouzah.* Arc-de Qouzah.
نقره — سیم	*nógra; çím.*
سیمین	*çímín.*
پول — نقد — پول نقد	*poul; naqd; poulè naqd.* Argent comptant.
سلاح	*çèláh.*
سپاه — فوج — لشکر	*çèpáh; fóoudj; lachkiar.*
کندن	*kiandan.*
درست کردن	*doroçt kiardan.* En-bon-état faire.
وا داشتن — حبس کردن	*vá dáchtan; habç kiardan.* Emprisonnement faire. A.

Arrêter (S').	To stop.
Arriver.	To arrive.
Arriver (Evénement).	To happen.
Arroser.	To water.
Artère.	Artery.
Artichaux.	Artichoke.
Artilleur.	Artillery man.
Asperge.	Asparagus
Asseoir.	To seat.
Asseoir (S').	To sit down.
Assez.	Enough.
Assiette.	Plate.
Attacher.	To fasten, to tie.
Attaquer.	To attack.
Atteindre.	To hit, to reach.
Attendre.	To wait for.
Attention (Faire).	To pay attention.
Aucun.	No; none.
Augmenter, v. a.	To increase.
Augmenter, v. n.	To be increased.

استادن — وا استادن — لنگ کردن - توقف کردن

içtâdan ; vâ içtâdan ; lang kiardan (se dit des caravanes); *tavaggof kiardan.* Arrêt faire.

رسیدن

raçîdan.

اتفاق افتادن

èttèfâg oftâdan. Conjoncture tomber.

اب دادن

âb dâdan. Eau donner.

رگ جهنده

ragè djahandah. Veine bondissante.

اردشاهی

ardèchâhî.

طوپچی

toûptchî.

مارچوبه

mârtchoûba.

نشاندن

nèchândan.

نشستن

nèchaçtan.

بس

baç.

بوشقاب

boûchgâb.

بهم بستن

baham baçtan. Ensemble lier.

هجوم اوردن

houdjoûm âvordan. Attaque apporter.

به ....زدن-به ....خوردن — به ... رسیدن

bè .... zadan; bè .... khordan; bè .... raçîdan. A.

صبر کردن — منتظر بودن

çabr kardan; montazèr boûdan;

معطل بودن

moattal boûdan. A.

ملتفت شدن - احتیاط کردن

moltafèt chodan; èhtèyât kiardan. Attentif devenir. Attention faire.

هیچ — هیچ کدام

hîtch; hîtch kiodâm. Aucun quel.

افزودن — زیاد کردن

afzoûdan; ziyâd kiardan. Beaucoup faire.

زیاد شدن

ziyâd chodan. Beaucoup devenir.

Aujourd'hui.	To day.
Auprès de.	Close to, near.
Aussi.	Too, also.
Aussitôt.	At once.
Aussitôt que.	As soon as.
Autant.	As much.
Auteur.	Author.
Automne.	Autumn.
Autour de.	Around, about.
Autre.	Other.
Autre que.	Different from.
Autrefois.	Formerly.
Autrement.	Otherwise.
Avaler.	To swallow.
Avancer (montre).	To be fast.
Avant.	Before.
Avant (En).	Forward.
Avant de.	Before.
Avant que.	Before.
Avant-hier.	The day before yesterday.
Avec.	With.
Avertir.	To warn.
Aveugle.	Blind.
Avoir.	To have.

امروز   *amroûz.*

نزدیک   *nazdîkiè.*

هم   *ham.*

همانگه — همان وقت   *hamângiah; hamân vakht.* Ce même moment. Ce même temps.

همانگه که - همان وقت که   *hamângiah kiè; hamân vakht kiè.*

همین قدر   *hamín gadr.* Cette même quantité.

مؤلّف   *mouallèf.*

پاییز   *pâîz.*

گرد — دور   *gièrdè; dôourè.*

دیگر   *dígiar.*

غیر از   *ghêir az.*

پیش از این   *pích az ín.* Avant de ceci.

گر نه — والّا — دیگر   *giar-na* (sinon); *vèllâ; dígiar.*

بلعیدن   *bal'ídan.*

تند بودن   *tond boûdan.* Rapide être.

پیش   *pích.*

یا اللّه   *yâllâh.*

پیش از   *pích az.*

پیش از این که   *pích az ín kiè.* Avant de ceci que.

پریروز   *parírouz.*

با   *bâ.*

خبر دادن   *khabar dâdan.* Avertissement donner.

کور   *kioûr.*

داشتن   *dâchtan.*

Avouer.	To own, to confess.

B.

Bagage.	Luggage.
Bague.	Ring.
Baigneur.	Bather.
Bain.	Bath.
Bains.	Baths.
Baiser.	To kiss.
Balai.	Broom.
Balance.	Balance.
Balayer.	To sweep.
Balle (de fusil).	Bullet.
Barbe.	Beard.
Barbier.	Barber.
Bas, subs. pl.	Stockings.
Bas, sse.	Low.
Basilic (fleur).	Basil.
Bassin, (1o pièce d'eau; 2o cuvette).	Pond; basin.
Bât.	Pack-saddle.
Bateau.	Boat.
Bâtir.	To build.
Bâton.	Stick.

اعتراف (اقرار ou) کردن — معترف شدن   *èètèrâf* (ou *ègrâr*) *kiardan*. Aveu faire; *mootarèf chodan*. Avouant devenir.

بار — اسباب لازمه   *bâr*; *açbâbè lâzèma*. Ustensiles nécessaires.

انگشتر   *angiochtar*.

حمامچی   *hammâmtchí*.

حمام   *hammâm*.

حمام   *hammâm*.

بوسیدن — بوسه دادن   *boúçídan*; *boúça dâdan*. Baiser donner.

جاروب   *djâroúb* (vulg. *djârou*).

ترازو   *tarâzoú*.

جاروب کردن   *djâroúb* (vulg. *djárou*) *kiardan*. Balai faire.

گلوله   *gouloúla*.

ریش   *rích*.

دلّاک — سرتراش   *dallâk*; *çar-tarâch*. Tête-tondeur.

جوراب   *djoúrâb*.

پست   *paçt*.

ریحان   *rêihân*.

حوض — لکن   1°. *hôouz*; 2°. *lakian*.

پالان   *pâlân*.

کشتی   *kiachtí*.

عمارت کردن — بنا کردن   *èmârat kiardan*; *bènâ kiardan*. Construction faire.

چوب   *tchoúb*.

Battre.	To beat.
Battre (une armée).	To rout.
Battue (Etre).	To be ronted.
Bavard.	Babbler.
Bazar.	Bazar.
Beau, belle.	Fine.
Beaucoup.	Much.
Besoin (Avoir)	To want.
Beurre.	Butter.
Bien, adv.	Well.
Bien (Possession).	Goods.
Bientôt.	Soon.
Bijoux.	Jewel.
Blanc, che.	White.
Blanchisseur.	Laundress.
Blamer.	To blame.
Blé.	Corn.
Blesser.	To wound.
Bleu, e.	Blue.
Bœuf (animal).	Ox.
Bœuf (viande).	Beef.
Boire.	To drink.
Bois (forêt).	Wood.
Bois (matière).	Timber.
Bois (à brûler).	Wood.

زدن	*zadan.*
شکست دادن	*chèkiaçt dâdan.* Défaite donner.
شکست خوردن	*chèkiaçt khordan.* Défaite manger.
فضول	*fouzoúl.*
بازار	*bâzâr.*
خوشکل — خوبرو	*khochkièl; khoúb-roú.* (Au) beau visage.
بسیار — زیاد — خیلی	*bèçyâr; ziyâd; khéïlè.*
احتیاج داشتن	*èhtèyâdj dâchtan.* Besoin avoir.
کره	*kiara.*
خوب	*khoúb.*
مال	*mâl.*
زود — بزودی	*zoúd; bè-zoúdî.* Avec vitesse.
جواهر	*djavâhèr.*
سفید	*çefíd.*
جامه شور	*djâma-choúr.* Vêtement-laveur.
نمّ کردن	*zamm kiardan.* Blame faire.
گندم	*giandom.*
زخم کردن	*zakhm kardan.* Blessure faire.
آبی	*âbí.*
گاو	*giâv.*
گوشت گاو	*gioúchtè giâv.* Viande-de bœuf.
خوردن	*khordan.*
جنگل	*djangial.*
چوب	*tchoúb.*
هیزم	*hêizom.*

Boisson.	Beverage.
Boite.	Box.
Boiter.	To lame.
Boiteux.	Lame.
Bon, bonne.	Good, kind.
Bonheur.	Happiness; good-luck.
Bonnet.	Cap.
Bonnet de nuit.	Night-cap.
Bonté.	Kindness.
Bord.	Edge; bank.
Bottes.	Top-boots.
Bouche.	Mouth.
Bouchée.	Mouthfull.
Boucher, s.	Butcher.
Boucher, v.	To stop.
Bouchon.	Cork.
Boucles d'oreille.	Ear-rings.
Bouclier.	Shield.
Boue.	Mud.
Bouger.	To budge, to stir.
Bougie.	Candle.
Bouillir.	To boil.
Bouillir (Faire).	To boil.
Bouillon.	Soup.
Boulanger.	Baker.

شربت — charbat.

صندوق — çandouq.

لنگیدن — langîdan.

لنگ — lang.

خوب — khoúb.

بخت — bakht.

کلاه — kioláh.

شبکلاه — chab-kioláh. Nuit-bonnet.

لطف — خوبی — lotf; khoúbí.

کنار — kianár.

چکمه — tchakma.

دهن — dahan.

لقمه — logma.

قصّاب — gaççáb.

بستن — گرفتن — baçtan; gièrèftan.

سر شیشه — çarè chícha. Tête-de bouteille.

گوشواره — gioúchvára.

سپر — çèpar.

گل — gièl.

جنبیدن — حرکت کردن — djombídan; harèkiat kiardan. Mouvement faire.

شمع — Cham.

جوشیدن — djoúchídan.

جوشاندن — djoúchándan.

آبکوشت — آش — ábgioúcht; ách.

نانوا — nánvá.

Bourse.	Purse.
Bout.	End, tip.
Bouteille.	Bottle.
Boutique.	Shop.
Bouton (d'habit).	Button.
Bras.	Arm.
Bravo !	Bravo !
Brebis.	Sheep.
Bride.	Bridle.
Brigand.	Brigand.
Brillant.	Brilliant.
Briller. Voy. Luire.	
Briser. Voy. Casser.	
Broche (à rôtir).	Spit.
Broyer.	To smash.
Bruit.	Noise.
Brûler, act.	To burn.
Brûler, neut.	To be burnt.

C.

Cacher.	To hide.
Cachet.	Seal.
Cacheter.	To seal.

كيسه	*kíça.*
سر — نوك	*çar; nouk.*
شيشه	*chícha.*
دكّان	*dokkián.*
دكمه	*dokma.*
بازو	*bázoú.*
آفرين — بارك الله	*áfarín; bárak-alláh.*
ميش	*mích.*
جلو	*djelóou.*
حرامى	*harámí.*
روشن — درخشان	*róouchan; drakhchán.*
سيخ	*çíkh.*
حلّ كردن — له كردن	*hall kiardan; lèh kiardan.* Ecrasement faire.
صدا	*çèdá.*
سوختن	*çoúkhtan.*
سوخته شدن	*çoúkhta chodan.*
پنهان كردن	*pènhán kiardan.* Caché faire.
مهر	*mohr.*
مهر كردن — سر بمهر كردن	*mohr kiardan.* Cachet faire; *çar bè mohr kiardan.* Tête (de la lettre) avec cachet faire.

Cadeau.	Present (A).
Cadenas.	Padlock.
Café (liqueur).	Coffee.
Café (établissement).	Coffee-house.
Cafetière.	Coffee-pot.
Cahier.	Quire, book.
Caille.	Quail.
Caisse.	Chest, trunk.
Caleçon.	Drawers.
Calme, adj.	Calm.
Calme, s.	Calmness.
Calotte.	Cap.
Campagne.	Country.
Camper.	To encamp.
Camphre.	Camphire.
Canard.	Duck.
Canif.	Penknife.
Canne.	Stick.
Capable.	Able.
Capitaine.	Captain.
Car.	Because.
Carafe.	Decanter.
Caravane.	Caravan.

پیشکش — عطا — نثار — تحفت	*pichkiach* (se dit d'un cadeau offert par un inférieur à son supérieur); *atâ; nèçâr; tohfat.*
قفل	*gofl.*
قهوه	*gahva.*
قهوه خانه	*gahva-khâna.* Café-maison.
قهوه دان	*gahva-dân.*
دفتر	*daftar.*
بلدرچین	*baldartchín.*
صندوق	*çandoûg.*
زیرجامه	*zírdjâma.*
آسوده	*âçoûlda.*
آسودگی — راحت — آرام	*âçoûldagí; râhat; ârâm.*
عرقچین	*araqtchín.*
بیابان — ده	*biyâbân; dèh.*
چادر زدن	*tchâdèr zadan.* Tente frapper.
کافور	*kiâfoûr.*
اوردک — مرغابی	*eurdeuk; morghâbí.*
قلم تراش	*galam-tarâch.* Plume qui-taille.
جوب	*tchoûb.*
قابل — با قابلیت	*gâbèl; bâ-gâbliyyat.* Avec-capacité (étant).
سلطان	*çoltân.*
از این جهت که	*az ín djahat kiè.* Par cette cause que.
تنگ	*Tung.*
قافله — کاروان	*gâfèla; kiârvân.*

Carotte.	Carrot.
Carré.	Square.
Cartes à jouer.	Playing-Cards.
Cas (circonstance).	Case.
Casser.	To break.
Cause.	Reason, cause.
Causer (converser).	To talk.
Causer (occasionner).	To cause.
Cavalier.	Rider.
Ceinture.	Belt.
Cependant.	Yet.
Cerise.	Cherry.
Certain.	Some, positive, certain.
Certain (déterminé).	Certain; fixed.
Certainement.	Certainly.
Cerveau.	Brains.
Chacun, ne.	Each.
Chagrin, subs.	Grief.
Chagrin, adj.	Sad.
Chaîne.	Chain.
Chaise.	Chair.
Chaleur.	Heat.
Chambre.	Room.

زردك . *zardak.*

چهار كوشه — مربع *tchahâr-gioúcha.* (A) quatre côtés. *morabba.*

كُنَاجفه — ورق *giandjafa; varaq.*

صورت *çoúrat.*

شكستن *chèkiaçtan.*

جهت — سبب *djahat; çabab.*

صاحبت كردن *çohbat kiardan.* Conversation faire.

سبب .... بودن *çababè .... boúdan.* Cause-de .... être.

سوار *çavâr.*

كمربند *kiamarband.*

ولاكن — امّا *Valâkièn; ammâ.*

كُيلاس *gîlâs.*

بعضى — يقبين دارنده — بى گمان *baazî; yaguín dâranda; bí giomân.* A.

معيّن *moayyan.*

البتّه *albatta.*

مغز *maghz.*

هر يك *har yèk.*

غم *gham.*

غمگين *ghamgín.*

زنجير *zandjír.*

صندلى *çandalí.*

كُرسى *giarmí.*

اوتاق . *otâg.*

Chameau.	Camel.
Chamelier.	Camel-driver.
Chandelier.	Candlestick.
Chandelle.	Candle.
Changer.	To change, to exchange.
Chanter.	To sing.
Chanteur.	Singer.
Chaque.	Each.
Charbon.	Coal.
Charger (1º. un fardeau; 2º. un fusil; 3º. d'une commission.	1º. 2º. To load; 3º. To commit.
Chariot.	Waggon, cart.
Charmant, te.	Charming.
Charpentier.	Carpenter.
Chasser (1º. renvoyer; 2º. aller à la chasse).	1º. To expell. 2º. To hunt.
Chaud.	Hot. Warm.
Châtaigne.	Chestnut.
Chauffer.	To warm; to heat.
Chausser (Se).	To put on shoes.
Chaussure.	Shoe, boot.
Chauve-Souris.	Bat.
Chef.	Head, chief.
Chemin.	Way, road.

شتر *chotor.*

شترربان *chotorbán*

شمعدان *chamdán.*

شمع *cham.*

عوض کردن *avaz kiardan.*

خواندن — آوازه خواندن *hhándan; áváza khándan.* Air chanter.

خواننده *khánanda.*

هر *har.*

زوغال *zoughál* (vulg. *zoughár.*)

بار کردن — پر کردن — سفارش دادن 1°. *bár kiardan.* Charge faire; 2°. *por kiardan.* Plein faire; 3°. *çefárèch dádan.* Commission donner.

عرابه (عراده) (vulg. *arába* (vulg. *aráda*).

دلکشا — باصفا *dèl-kochá.* Cœur-ouvrant. *Bá-çafá.* Avec charme (étant).

نجّار *naddjár.*

راندن — صید (شکار) کردن (ou 1°. *rándan.* 2°. *çéïd* (ou *chèkiár*) *kiardan.* Chasse faire.

گرم *giarm.*

شاه بلوط *cháh-baloût* (Gland du roi).

گرم کردن *giarm kiardan.* Chaud faire.

کفش پوشیدن *kiafch poûchídan.* Chaussure revêtir.

کفش *kiafch.*

شب پره *chab-para.* Soir-volant.

سر — رئیس *çar; rayíç.*

راه *ráh.* A.

Cheminée.	Chimney.
Chemise.	Shirt.
Chêne.	Oak.
Cher.	Dear. Expensive.
Chercher.	To look for, to seek.
Cheval.	Horse.
Cheval (Monter à).	To ride.
Cheveux.	Hair.
Chèvre.	Goat.
Chez.	At. To.
Chien.	Dog.
Choisir.	To choose.
Chou.	Cabbage.
Choufleur.	Cauliflower.
Chrétien.	Christian.
Ciel.	Heaven.
Cimetière.	Cimetery.
Cire.	Wax.
Cire (Bougie de).	Wax-candle.
Ciseaux.	Scissors.
Citerne.	Cistern.
Citron.	Lemon.
Clair (1o Lumineux. 2o Manifeste).	1o Clear. 2o Evident.
Clef.	Key.

باخارى	*bokhârî.*
پيراهن	*pírâhan.*
بلوط	*baloút.*
عزيز — گران	*azíz* (ami); *gièrân* (objet).
جستن	*djoçtan.*
اسب	*açp.*
سوار شدن	*çavâr chodan.* Cavalier devenir.
مو — زلف	*moú, zolf.*
بز	*boz.*
پيش	*píchè.*
سگ	*çag.*
گزيدن — برگزيدن	*giozîdan; bar-giozîdan.*
كلم	*kialam.*
كلم رومى	*kialamè roûmî.* Chou grec.
ارمنى — نصرانى	*armanî* (litt. Arménien). *naçrânî.*
آسمان	*âçmân.*
قبرستان — گورستان	*gabrèçtân; gioûrèçtân.*
موم	*moúm.*
شمع كافورى	*cham'è kiâfoûrî.* Bougie-de camphre.
مقراص	*mègrâz.*
حوض	*hôouz.*
ليمو	*límoú.*
روشن — آشكار	1º *rôouchan.* 2º *âchkiâr.*
آجار — كليد	*âtchâr; klid.*

Clou.	Nail.
Clouer.	To nail.
Cœur.	Heart.
Coffre.	Box.
Coin.	Corner.
Col.	Collar.
Colère.	Anger.

Colère (Se mettre en). Voy. Fâcher.

Colique.	Colic.
Coller.	To paste, to stick together.
Colonel.	Colonel.
Combat.	Fight.
Combattre.	To fight.
Comme.	As.

Comme. Voy. Puisque.

Commencer.	To begin.
Comment.	How.
Commerce.	Trade.
Comparer (à).	To compare to.
Comparer (avec).	To compare with.
Complet.	Complete.
Comprendre.	To understand.
Compter.	To count.

میخ	*mîkh.*
میخ کردن	*mîkh kiardan.*
دل — قلب	*dèl; galb.*
صندوق	*çandoúg.*
گوشه	*gioûcha.*
یاخه	*yakha.*
رنج	*randj.*
پیچ	*pîtch.*
چسپاندن	*tchaçpândan.*
سرتیپ	*çartip.*
جنگ	*djang.*
جنگ کردن	*djang kiardan.* Guerre faire.
مثل	*mèçlè.*
شروع کردن — ابتدا کردن — آغاز کردن	*chouroû kiardan; èptèdâ kiardan; âghâz kiardan.* Commencement faire.
چه طور	*tchè tóour.* Quelle façon.
تجارت	*tèdjârat.*
تشبیه کردن	*tachbîh kiardan.* Comparaison faire.
مقابله کردن	*mogâbala kiardan.* Parallèle faire.
تمام	*tamâm.*
فهمیدن	*fahmîdan.*
حساب کردن — شمردن	*hèçâb kiardan.* Compte faire; *chomordan.*

Concierge.	Door-keeper.
Concombre.	Cucumber.
Confier.	To intrust.
Congédier.	To dismiss.
Confitures.	Preserve.
Connaître.	To know.
Consentir.	To consent.
Conserver.	To preserve, to keep.
Consul.	Consul.
Content, te.	Glad.
Continuel, le.	Continual.
Continuellement.	Continually.
Contre.	Against.
Contraire.	Contrary.
Contraire (Au).	On the contrary.
Converser. Voy. Causer.	
Copier.	To copy.
Coq.	Cock.
Corail.	Coral.
Corbeille.	Basket.
Corde.	Rope.
Corps.	Body.

دربان — *darbân.*

خيار — *khiyâr.*

سپردن — *çopordan.*

مرخص كردن — *morakhkhaç kiardan.* Congédié faire.

مربّى — *mourabbâ.*

دانستن — شناختن — *dânèçtan* (une chose); *chenâkhtan* (une personne).

قبول كردن — راضى شدن — *gaboúl kiardan.* Acceptation faire; *râzi chodan.* Consentant être.

نگاه داشتن — *nègiâh dâchtan.* Regard avoir.

كار پرداز — قونسول — *kiâr-pardâz.* Affaire-accomplissant; *kounçoúl.*

راضى — خوشحال — *râzi; khochhâl.*

پيوسته — *pêïvaçta.*

پيوسته — *pêïvaçta.*

خلاف — *khèlâfâ.*

ضدّ — برعكس — *zèdd; bar-akç.*

بر عكس — *bar-akç.*

نسخ كردن — استنكتاب كردن — *naçkh kiardan; èçtèktâb kiardan.* Copie faire.

خروس — *khoroúç.*

مرجان — *mardjân.*

زنبيل — *zèmbil.*

ريسمان — *riçmân.*

بدن — *badan.*

Côte.	Rib.
Côté.	Side.
Côté (A).	By.
Coton.	Cotton.
Cou.	Neck.
Coucher (Se; 1° s'étendre; 2° se mettre au lit).	1° To lie; 2° to go to bed.
Coudre.	To sow.
Couleur.	Colour.
Coupable.	Guilty.
Couper.	To cut.
Courageux.	Manful, strenuous.
Courir.	To run.
Court, te.	Short.
Cousin.	Cousin.
Cousine.	Cousin.
Couteau.	Knife.
Couteau (Grand).	Carving knife.
Coûter.	To cost.
Couverture (de lit).	Blanket.
Couverture (de cheval).	Horse-cloth.
Couvrir.	To cover.
Cracher.	To spit.
Craindre.	To fear.
Crainte.	Fear.

دنده	*danda.*
پهلو — طرف	*pahloû; taraf.*
پهلوی	*pahloûyè*
پنبه	*pamba.*
گردن	*giardan.*
خوابیدن — برخت خواب رفتن	1º *khâbîdan;* 2º *bè-rakhtè khâb raftan.* A vêtement-de sommeil (lit) aller.
رفتن	
دوختن	*doûkhtan.*
رنگ	*rang.*
مقصّر	*mogaççèr.*
بریدن	*borîdan.*
شجاع	*chodjâ.*
دویدن	*davîdan.*
کوتاه	*kioûtâh.*
پسر عمو	*pèçarè amou.* Fils-de l'oncle.
دختر عمو	*dokhtarè amoû.* Fille-de l'oncle.
چاقو	*tchâgoû.*
کارد	*kiârd.*
ارزیدن	*arzidan.*
لحاف	*lahâf.*
یال پوش	*yâlpoûch.*
پوشاندن — پوشیدن	*poûchândan; poûchîdan.*
تف کردن	*tof kiardan.* Faire *tof.*
ترسیدن	*tarçidan.*
ترس	*tarç.*

Cravate.	Neck-tie.
Crayon.	Pencil.
Crême.	Cream.
Creuser.	To dig.
Crier.	To shout.
Croire.	To think. **To believe.**
Croître.	To grow.
Cru, e.	Raw.
Cruel, le.	Cruel.
Cueillir.	To cull, to pick.
Cuiller.	Spoon.
Cuir.	Leather.
Cuire (Faire).	To cook.
Cuisine (Endroit où se fait la).	Kitchen.
Cuisinier.	Cook.
Cuisse.	Thigh.
Cuivre.	Copper.
Curieux, se.	Inquisitive. Curious.
Cuvette.	Basin.

D.

D'abord.	First,
Danger.	Danger.
Dangereux.	Dangerous.

گردنبند — giardamband.

مداد — قلم مداد — mèdád; galamè mèdád.

سر شبیر — çarè chír. Tête-de lait.

کندن — کافتن — kiandan; kiáftan.

صدا کردن — çèdá kiardan. Bruit faire.

گمان داشتن — پنداشتن — باور کردن (داشتن ou) — giomán dáchtan; pandáchtan; bávar kiardan (ou: dáchtan). A.

رستن — roçtan.

خام — khám.

بی مروّت — Bi-morovvat. Sans humanité.

چیدن — tchidan.

قاشق — gáchog.

چرم — tcharm.

پختن — pokhtan.

آشپز خانه — áchpaz-khána. Cuisinier-maison.

آشپز — áchpaz.

ران — rán.

مس — mèç.

مفتّش — غریب — mofattèch (personne); gharib (chose).

لگن — lagian.

اوّل — اوّلاً — avval; avvalan.

خطر — khatar.

خطرناک — khatarnák.

Dans.	In.
Danser.	To dance.
Danseur.	Dancer.
Date.	Date.
Datte.	Date.
Davantage.	More.
De.	Of. From.
Dé (à coudre).	Thimble.
Debout.	Standing.
Deçà (En).	On this tide.
Déchirer.	To tear.
Déclarer.	To declare.
Découvrir.	To discover.
Décrire.	To describe
Défendre (1° protéger; 2° inter-dire).	To defend. To prohibit.
Dégeler.	To thaw.
Dehors.	Out of doors.
Déjà.	Already.
Dejcuné.	Luncheon.
Dejeuner.	To lunch.
Delà (Au).	On that side.
Délier.	To untie.

در — تنوی
dar; toúyè.

رقصیدن — رقص کردن
raqçídan; raqç kiardan. Danse faire.

رقّاص — رقصنده
raqqáç; raqçanda.

تاریخ
táríkh.

خرما
khormâ.

بیشتر
bíchtar.

از
az.

انگشتانه
angiochtána.

بر پا — استاده
bar pâ. Sur pied; içtâda.

این طرف
ín taraf. (De) ce côté-ci.

باره کردن
pára kiardan. Morceau faire.

عرض کردن
arz kiardan. Déclaration faire.

پیدا کردن
pêïdâ kiardan. Manifeste faire.

صفت کردن
çèfat kiardan. Description faire.

حمایت کردن — منع کردن — قدغن کردن
1o hèmâyat kiardan. 2o man' kiardan; gadaghan kiardan. Défense faire.

آب شدن
âb chodan. Eau devenir.

بیرون
biroún.

باین زودی — پیش از این
bè-ín zoúdí. Avec cette rapidité.

pích az ín. Avant de ceci. A.

نهار — چاشت
nahâr; tchâcht.

نهار (چاشت ou) خوردن
nahâr (ou: tchâcht) khordan. Déjeuné manger.

آن طرف
ân taraf. (De) ce côté-là.

واز کردن — گشادن
vâz-kiardan; giochâdan.

Délivrer.	To deliver.
Demain.	To morrow.
Demander.	To ask.
Demeurer.	To live (in a place).
Demi.	Half.
Dent.	Tooth.
Départ.	Departure.
Dépêcher (Se).	To hurry.
Dépendre de.	To depend.
Dépenser.	To spend.
Dernier, ère.	Last.
Dernièrement.	Lately.
Derrière.	Behind.
Descendre.	To go down; to come down.
Description.	Description.
Déshabiller (Se).	To undress.
Désirer.	To wish.

خلاص كردن — *khalâç kiardan.* Délivrance faire.

فردا — *fardâ.*

پرسیدن — خواستن — طلبیدن — التماس كردن — *porçidan ; khâçtan ; talubîdan ; èltèmâç kiardan.* Demande faire.

منزل داشتن — متوقف شدن — *manzèl dâchtan.* Domicile avoir. *motavagguèf chodan.* Demeurant être.

نیم — نصف — *nîm ; nèçf.*

دندان — *dandân.*

سفر — *çafar.*

شتافتن — زود بودن — تعجیل كردن — *chètâftan ; zoûd boûdan.* Vite être ; *taadjil kiardan.* Hâte faire.

موقوف بودن — بسته بودن به — *môougoûf boûdan ; baçta boûdan bè.* Attaché être à.

خرج كردن — *khardj kiardan.* Dépense faire.

آخر — گذشته — *âkhèr ; giozachta* (dans les expressions année dernière ou mois dernier).

چند وقت پیش از این — *tchand vakht pîch az în.* Quelque temps avant de ceci.

در پشت — در عقب — *Dar pocht.* Dans le dos ; *dar agab.* Dans le talon.

نازل شدن — پائین (فرود) آمدن — *nâzèl chodan.* Descendant devenir (dans un endroit) ; *pâyîn* (ou : *feroûd*) *âmadan.* En-bas venir.

صفت — *çèfat.*

رخت (لباس ou) برداشتن — *rakht* (ou : *lèbâç*) *bar dâchtan.* Habits enlever.

خواستن — *khâçtan.*

Désobéir.	To disobey.
Dessous.	Under.
Dessus.	Over.
Détruire.	To destroy.
Dévaliser.	To strip.
Devant.	In front.
Deviner.	To guess.
Devoir (1º Etre obligé de. 2º Etre débiteur).	1º Must; to be bound to. 2º To owe.
Diable.	Devil.
Dialogue.	Dialogue.
Dieu.	God.
Différence.	Difference.
Différent.	Different.
Difficile.	Difficult.
Digérer.	To digest.
Dimanche.	Sunday.
Dîner, subs.	Dinner.
Dîner, v.	To dine.
Dire.	To say.
Disposer (arranger).	To dispose.
Distance.	Distance.
Diviser.	To divide.
Doigt.	Finger.

سركشى كردن — عاق شدن çarkiachí kiardan. Désobéissance faire; âg chodan. Désobéissant devenir.

زير zír.

روى — بر roûyè ; bar.

خراب كردن kharâb kiardan. Détruit faire.

برهنه كردن brèhna kiardan. Nu faire.

پيش — در پيش pích ; dar pích.

دريافت كردن daryâft kiardan. Divination faire.

بايستن — لابد شدن — قرض داشتن 1o bâïçtan; lâbout chodan; 2o garz dâchtan. Dette avoir. A.

شيطان chêïtân.

مكالمه mokiâlama.

خدا khodâ.

تفاوت tafâvot.

متفاوت motafâvèt.

مشكل mochkièl.

گواريدن giavâridan.

يكشنبه yèk-chamba. Un-samedi (1er jour après le samedi).

شام châm.

شام خوردن châm khordan. Dîner manger.

گفتن gioftan.

آراستن — درست كردن ârâçtan ; doroçt kiardan.

مسافت maçâfat.

قسم كردن guèçm kiardan.

انگشت angiocht.

Domestique.	Servant.
Dommage (C'est).	It is a pity.
Donner.	To give.
Dormir.	To sleep.
Dos.	Back.
Douane.	Custom-house.
Douanier.	Custom-house officer.
Double.	Double.
Doubler.	To double.
Doucement.	Gently.
Douleur (1º physique; 2º morale).	1º Pain. 2º. Grief.
Douter.	To doubt.
Doux (1º opp. à violent; 2º sucré).	1º Gentle, mild. 2º Sweet.
Drap (Etoffe).	Cloth
Droit, subs.	Right.
Droit, adj.	Straight.
Droite (A).	To the right.
Dur.	Hard.
Durer.	To last.

E.

Eau.	Water
Echecs.	Chess.
Echelle.	Ladder.

نوکر	*nôoukiar.*
حیف است	*hëïf açt.* Dommage est.
دادن	*dâdan.*
خفتن — خواب کردن	*khoftan; khâb kiardan.*
پشت	*pocht.*
گمرك	*gumruk.*
گمرکچی	*gumruktchi.*
جفت	*djoft.*
دو تا کردن	*do tâ kiardan.* Deux plis faire.
آهسته	*âhèçta.*
درد — غم	1º *dard;* 2º *gham.*
شك کردن	*chakk kiardan.* Doute faire.
آهسته — نرم — شیرین	1º *âhèçta; narm;* 2º *chírín.*
ماهوت	*mâhoût.*
حقّ	*hayg.*
راست — مستقیم	*râçt; moçtaguím.*
دست راست	*daçtè râçt.* A main droite.
درشت	*dorocht.*
طول کشیدن	*toûl kiachídan.* Longueur tirer.
آب	*âb.*
شطرنج	*chatrandj.* A.
سلّم — نردبان	*çollam; nardobân.*

Eclair.	Lightning.
Eclairer, v. a.	To light.
Eclairer, v. n.	To lighten.
Ecole.	School.
Ecouter.	To listen.
Ecraser.	To smash.
Ecrevisse.	Cray-fish.
Ecrire.	To write.
Ecritoire.	Inkstand.
Ecriture.	Writing.
Ecrivain.	Writer; public scrivener.
Ecurie.	Stable.
Effacer.	To strike out.
Effets. Voy. Habits.	
Effrayer.	To frighten.
Egal.	Equal.
Egarer.	To lose.
Elargir.	To stretch.
Elève.	Pupil.
Elever (un objet).	To raise; to lift up.
Elever (un enfant).	To bring up.
Eloigné.	Distant, far.
Embrasser (prendre dans ses bras).	To clasp.
Empêcher.	To prevent.

برق   *barg.*

روشن كردن   *róouchan kiardan.* Clair faire.

برق كردن   *barg kiardan.* Eclair faire.

مدرسه   *madraça.*

گوش كردن   *gioûch kiardan.* Oreille faire.

له كردن — حلّ كردن   *lèh kiardan; hall kiardan.* Ecrasement faire.

خرچنگ   *khartchang.*

نوشتن   *nèvèchtan.*

قلمدان   *galamdân.*

خطّ   *khatt.*

كاتب   *kiâtèb.*

طويله   *tavíla.*

محو كردن   *mahv kiardan.* Effacement faire.

ترساندن   *tarçândan.*

برابر   *barâbar.*

گم كردن   *giom kiardan.* Perdu faire.

گشاد كردن   *giochâd kiardan.* Large faire.

شاگرد   *châgièrd.*

بالا كردن   *bâlâ kiardan.* Haut faire.

پروردن — تربيت كردن   *parvardan; tarbiyat kiardan.*

دور   *doûr.*

دواغوش گرفتن   *dar âghoûch gièrèftan.* Dans le sein prendre.

منع كردن   *man' kiardan.*

Employer.	To use.
Emporter.	To carry away.
Emprunter.	To borrow.
Encore.	Yet; more.
Encre.	Ink.
Encrier. Voy. Ecritoire.	
Endormir (S').	To fall asleep.
Endroit.	Place.
Enfance.	Chilhood.
Enfant.	Child.
Enfoncer, v. a.	To push in, to thrust in.
Enfuir (S').	To escape, to run away.
Enivrer (S').	To get drunk.
Enlever.	To take off, or away.
Ennemi.	Enemy.
Ennuyer.	To annoy.
Ennuyer (S').	To be weary.
Ennuyeux, se.	Tedious.
Enragé.	Mad.
Enseigner.	To teach.
Ensemble.	Together.
Entendre.	To hear.

مصرف کردن - استعمال کردن   *maçraf kiardan; èçtèèmâl kiar-dan.* Emploi faire.

بردن   *bordan.*

قرض کردن - امانت کرفتن   *qarz kiardan.* Dette faire; *amá-nat gièrèftan.* Crédit prendre.

هنوز — بیشتر — دیگر   *hanoûz; bíchtar; dígiar.* A.

مرکّب   *morakkiab.*

بخواب رفتن — خواب بردن   *bè-khâb raftan.* A sommeil al-ler. *khâb bordan.* A.

جا   *djâ.*

بچّگی   *battchagí.*

بچّه   *battcha.*

طپاندن — زدن   *tapândan; zadan.*

کرباختن   *gioríkhtan.*

مست شدن   *maçt chodan.* Ivre devenir.

بردن   *bordan.*

دشمن   *dochman.*

ملول کردن   *maloûl kiardan.* Ennuyé faire.

ملول بودن   *maloûl boûdan.* Ennuyé être.

بی مزه   *bí-maza.* Sans goût.

دیوانه   *dívâna.*

یاد دادن — آموختن   *yâd dâdan.* Mémoire donner.

  âmoûkhtan.

باهم   *bâham.*

شنیدن   *chenídan.*

Entendre dire.	To hear.
Enterrer.	To bury.
Entêté, e.	Obstinate.
Entier.	Complete.
Entièrement.	Entirely.
Entourer.	To surround.
Entre.	Between.
Entrer.	To go in; to walk in; to come in.
Enveloppe (de lettre).	Envelope.
Envie.	Mind (to something).
Envie (Avoir).	To have a mind to.
Environ, adv.	About.
Environs.	Neighbourhood.
Environs (Aux).	In the neighbourhood.
Envoyer.	To send.
Epais, sse.	Thick.
Epaule.	Shoulder.
Eperon.	Spur.
Epicier.	Grocer.
Epinards.	Spinage.
Epingle.	Pin.
Eplucher.	To pick.
Epoque.	Epoch.
Erreur.	Error.
Escalier.	Stairs.

شنیدن	*chenídan.*
دفن کردن	*dafn kiardan.* Enterrement faire.
لجوج	*ladjoúdj.*
تمام	*tamám.*
بالتمام	*bèttamám.*
دور گرفتن	*dóour gèrèftan.* Tour prendre.
میان	*mèyánè.*
داخل شدن	*dákhèl chodan.* Entrant devenir.
پاکت	*pákièt.*
میل	*mêil.*
میل داشتن	*mêil dáchtan.*
تخميناً	*takhmínan.*
حوالی	*haválí.*
در حوالی	*dar haválí.*
فرستادن – روان (روانه) کردن	*ferèçtádan; raván* (ou: *ravána*) *kiardan.* Allant faire.
غليظ	*ghalíz.*
دوش – سردست	*doúch; çardaçt* (en boucherie).
مهمز	*mèhmaz.*
عطّار	*attár.*
اسفناج	*èçfanádj.*
سنجاق	*çèndjág.*
پاك کردن	*pák kiardan.* Propre faire.
روزکار – زمانه	*roúzgiár; zamána.*
غلط	*ghalat.*
پله	*pèlla.*

Escarpé.	Steep.
Esclave.	Slave.
Espèce.	Sort, kind, species.
Espérer.	To hope.
Esprit.	Mind.
Esprit-de-vin.	Spirits of wine.
Essayer (1° Faire l'essai. 2° Tâcher.	To try.
Essence.	Essence.
Essuie main.	Towel.
Essuyer.	To wipe.
Est.	East.
Estomac.	Stomach.
Esturgeon.	Sturgeon.
Et.	And.
Etablir (S').	To settle.
Etage.	Floor, story.
Etain.	Tin.
Etaler. Voy. Etendre.	
Etamer.	To tin.
Etang.	Pond.
Etape.	Staple.
Etat (1° Situation. 2° Empire.	State.

سرابالا   *çarâbâlâ.*

غلام   *gholâm.*

جنس   *djènç*

اميد داشتن – اميدوار بودن   *eumíd dâchtan.* Espoir avoir.

eumídvár boûdan. Espérant être.

خاطر   *khâtèr.*

عرق سه آتشى   *Arag-çè-âtèchí.* Eau de vie à trois feux.

تاجربه كردن – جهد (سعى ou) كردن   1° *tadjrèba kiardan.* Essai faire. 2° *djahd* (ou: *saï*) *kiardan.* Effort faire.

جوهر   *djôouhar.*

حولى   *hôoulè.*

تمبيز كردن   *tamíz kiardan.*

مشرق   *machrèg.*

معده   *mèèda* (vulg. *maada.*)

سك ماهى   *çag-mâhí.* Chien-poisson.

و   *o.*

قرار كردن   *garâr kiardan.* Séjour faire.

مرتبه   *martaba.*

قلع   *gal'.*

سفيد كردن   *çefíd kiardan.* Blanc faire.

غدير   *ghadír.*

منزل (منازل pl.)   *manzèl* (pl. *manâzèl*).

حال – احوال – مملكت – دولت   1° *hâl; ahvâl;* 2° *mamlakiat; dôoulat.*

Eté.	Summer.
Eteindre.	To put out.
Etendre (Etaler).	To stretch; to extend.
Etendre (S').	To stretch.
Eternuer.	To sneeze.
Etoffe.	Stuff.
Etoile.	Star.
Etonnant.	Astonishing.
Etonné. Voy. Surpris.	
Etonner.	To astonish.
Etonner (S').	To wonder.
Etouffer, act.	To choke.
Etouffer, neut.	To be choked.
Etourdir.	To make dizzy.
Etrange.	Strange.
Etranger.	Stranger.
Etre.	To be.
Etrier.	Stirrup.
Etriller (un cheval).	To curry.
Etroit, te.	Narrow.
Etudier.	To study.

تابستان	*tábèçtán.*
خاموش كردن — كشتن	*khámoúch kiardan ; kiochtan.* A.
پهن كردن — گستردن — خوابانيدن	*pahn kiardan.* Plat faire ; *gioçtardan ; khábánídan* (seulement pour les personnes).
دراز شدن — خوابيدن	*deráz chodan.* Allongé devenir ; *khábídan* (seulement pour les personnes).
عطسه كردن	*atça kiardan.* Eternuement faire.
قماش — پارچه	*gomách ; pártcha.*
ستاره	*çetára.*
غريب — تعجّب — عجب	*gharíb ; taaddjob ; adjab.* A.
تعجيب كردن	*taadjíb kiardan.* Action d'étonner faire.
تعجّب كردن	*taaddjob kiardan.* Etonnement faire.
خفه كردن — نفس گرفتن	*khafa kiardan.* Suffoqué faire ; *nafaç gèrèftan.* Soufle boucher.
خفه شدن	*khafa chodan.* Suffoqué devenir.
گيج كردن	*gídj kiardan.* Etourdi faire.
غريب	*gharíb.*
بيگانه	*bigidna.*
بودن	*boúdan.*
ركاب	*rèkiáb.*
تيمار كردن	*tímár kiardan.* Soin faire.
تنگ	*tang.*
علم تحصيل كردن — كار كردن	*èlm tahçíl kiardan.* Science acquisition faire ; *kiár kiardan.* Travail faire.

Etui.	Case, sheath.
Evanouir (S').	To faint.
Eveiller.	To awake, to rouse.
Eveiller (S').	To awake.
Eviter.	To avoid.
Exact, te.	Exact, precise.
Exactement.	Exactly.
Examen (Passer un).	To pass an examination.
Examiner.	To examine.
Excellent, te.	Excellent.
Excepté, prép.	Except.
Excuser.	To excuse.
Exemple.	Example.
Exemple (Par).	For instance.
Exercer (S').	To practice.
Expliquer.	To explain.
Exposer (à qq. un. qq. chose).	To expose.
Exprès, adv.	On purpose.
Extérieur, adj.	Exterior.
Extérieur, subs.	Outside.
Extraordinaire.	Extraordinary.
Extremité.	End.

غلاف   *ghèláf.*

بيخود شدن – غش شدن   *bi-khod chodan.* Sans soi (hors de soi) devenir; *ghach chodan.* Evanouissement devenir.

بيدار كردن   *bídár kiardan.* Eveillé faire.

بيدار شدن   *bídár chodan.* Eveillé devenir.

اجتناب كردن   *èdjtènáb kiardan.* Action d'éviter faire.

صحيح   *çahíh.*

بعينها   *bëïnhá.*

امتحان دادن   *èmtèhán dádan.* Examen donner.

امتحان كردن   *èmtèhán kiardan.* Examen faire.

بحدّ خوبى   *bè-haddè khoúbí.* A l'extrémité de la bonté.

مگر – جزو   *magiar; djozv.*

بخشيدن   *bakhchídan.*

مثل   *maçal*

مثلًا   *maçalan.*

مشق كردن   *machq kiardan.* Exercice faire.

بيان كردن   *bayán kiardan.* Explication faire.

عرض كردن   *arz kiardan.* Exposition faire.

عمدًا   *amdan.*

خارج   *khârèdj.*

بيرون   *bíroún.*

عجيب – خارق للعاده   *adjíb; khârèg lèláda.* Contraire à l'habitude.

حدّ   *hadd.*

F.

Fabricant.	Manufacturer.
Fabrique.	Manufacture.
Fabriquer.	To manufacture, to make.
Face.	Face.
Face (En).	Opposite.
Fâcher.	To make angry.
Fâcher (Se).	To get angry.
Facile.	Easy.
Fade.	Insipid.
Faible.	Weak.
Faim.	Hunger.
Faim (Qui a).	Hungry.
Faire (1º en général. 2º Fabriquer).	1º To do. 2º To make.
Faire (impersonnel).	To be.
Falloir.	Must.
Famille.	Family.
Farine.	Meal.
Fatigue.	Fatigue.
Fatiguer.	To tire.
Faute.	Fault.
Faute (Sans), adv.	Without fail.
Faux, sso.	False.

ماحب كارخانه — çâhèb kiâr-khana. Maître-de-fabrique.

كار خانه — kiâr-khâna. Travail-maison.

درست كردن — ساختن — doroçt kiardan. En-bon-état faire; çâkhtan.

رو — صورت — roú; çoúrat.

رو برو — برابر — roú bèroú. Face à face; barâbar. Poitrine à poitrine.

رنجانيدن — randjânîdan.

رنجيدن — randjîdan.

آسان — âçân.

بى مزه — bí maza. Sans goût.

ضعيف — zaif.

كرسنگى — gioroçnagî.

كرسنه — gioroçna.

كردن - نمودن - ساختن — 1o kiardan; nemoúdan. 2o çâkhtan.

بودن — boúdan. A.

بايستن — bayèçtan (Est impersonnel comme en français).

دودمان — اهل — doúdemân; ahl.

آرد — ârd.

خسنگى — khaçtagî.

خسنه كردن — khaçta kiardan. Fatigué faire.

نقصير — كناه — taqçîr; gionâh.

بى شك — البته — bí-chakk; albatta.

باطل — اشكيلى — bâtèl (croyance); èchkîlî (monnaie).

Féliciter.	To congratulate.
Femelle.	Female.
Femme.	Woman; Wife.
Fendre.	To split.
Fenêtre.	Window.
Fer.	Iron.
Fer à repasser.	Flat iron.
Fer blanc.	Tin-plate.
Fermer.	To shut.
Fête.	Feast.
Feu.	Fire.
Feuille (d'arbre).	Leaf.
Feuille (de papier).	Sheet.
Fève.	Bean.
Fiancé, ée.	Bridegroom. Bride.
Fidèle.	Faithful.
Fièvre.	Fever.
Figue.	Fig.
Figure. Voy. Face.	
Fil.	Thread.
Fil de fer.	Wire.
Fille.	Girl; Daughter.
Fils.	Son.
Filtre.	Filter.
Filtrer.	To filter.

تهنيت كردن   *tahniyat kiardan.* Félicitation faire.

ماده   *mâda.*

زن   *zan.*

شكافتن   *chèkiâftan.*

پنجره   *pandjara.*

آهن   *âhan.*

اتو   *outoû.*

حلبى   *halabî.*

بستن   *baçtan.*

عيد   *êid.*

آتش   *âtèch.*

برگ   *barg.*

ورق   *varag.*

باقلا   *bâguèlâ.*

عروس   *aroûç.*

با وفا   *bâ-vafâ.* Avec fidélité (étant).

تب   *tab.*

انجير   *andjîr.*

نخ   *nakh.*

مفتول   *maftoûl.*

دختر   *dokhtar.*

پسر   *pèçar.*

صافى   *çâfî.*

صاف كردن   *çâf-kiardan.*

Fin, subs.	End.
Fin, adj.	Thin.
Finir (1o act. 2o neutre);	1o to finish. 2o To be finished.
Firman.	Firman.
Fixer (1o un objet; 2o détermi-ner).	To fix.
Flairer.	To smell.
Flamme.	Flame.
Flèche.	Arrow.
Fleur.	Flower.
Fleuve.	River.
Flûte.	Flute.
Fois.	Time (for instance in: three times).
Fonction.	Office.
Fonctionnaire.	Functionary.
Fondre (1o act. 2o neutre).	To melt.
Fonte de fer.	Cast iron.
Force.	Strength.
Forcé.	Bound to.
Forcer.	To force, to oblige to.
Forêt.	Wood, Forest.
Forgeron.	Smith.
Forme.	Shape.

تمام — سر   *tamâm ; çar.*

نازك   *nâzuk.*

تمام كردن — تمام شدن   1º *tamâm kiardan.* Fin faire ; 2º *tamâm chodan.* Fin devenir.

فرمان   *farmân.*

زدن — تعيين (معيّن) كردو   1º *zadan ;* 2º *taayín* (ou: *moayyan*) *kiardan.* Fixation (ou: fixé) faire

بو كردن   *boû kiardan.* Odeur faire.

شعله   *choola.*

تير   *tír.*

گل   *giol.*

رودخانه   *roûdkhâna.*

نى — زرنا   *nêi ; zorna.* A.

دفعه — بار   *daf'a ; bâr.*

منصب   *mançab.*

صاحب منصب   *çâhèb* (vulg. *çâh*) *mançab.* Possesseur de fonction.

آب كردن — آب شدن   1º *âb kiardan.* Eau faire ; 2º *âb chodan.* Eau devenir.

چدن   *tchodn.*

زور   *zoûr.*

مجبور — لابد — ناچار   *madjboûr ; lâbout ; nâtchâr.*

مجبور كردن — لابد كردن   *madjboûr kiardan ; lâboût kiardan.*

جنگل   *djangial.*

آهنگر   *âhan-giar.* Fer-fabricant.

صورت — قالب   *çoûrat, gâlèb* (moule).

Former.	To form.
Former (Se).	To form.
Fort, te.	Strong.
Fossé.	Ditch.
Fou, Folle.	Mad.
Foudre.	Thunderbolt.
Fouet.	Whip.
Fouetter.	To whip.
Fourchette.	Fork.
Fourmi.	Ant.
Fourreau.	Sheath.
Fourrage.	Forage.
Fourrer (Enfoncer).	To thrust in.
Fourrure.	Fur.
Frais, che: 1º Froid; 2º nouveau.	Fresh. Cool.
Fraise.	Strawberry.
Framboise.	Raspberry.
Franc, che.	Frank.
Français, se.	French.
France.	France.
Frapper.	To strike, to knock.
Frère.	Brother.
Frire.	To fry.
Friser.	To curl.
Froid, subs.	Cold.

صورت دادن	çoúrat dàdan. Forme donner.
صورت بستن	çoúrat baçtan Forme lier.
بازور	bá-zoûr. Avec force (étant).
خندق	khandag.
دیوانه — دلی	dívàna; dalí.
صاعقه	çàèga.
قمچی	gamtchí.
قمچی زدن	gamtchí zadan. Fouet frapper.
چنگال	tchangiàl.
مور	moûr.
غلاف	ghèlàf.
علف	alaf.
طپاندن	tapàndan.
پوستین — خز	poûçtín; khaz.
خنک — تازه	1º khonak; 2º tàza.
توت فرنگی	toútè farangí. Mûre européenne.
تمشک	tumuchk.
صدیق	çadíg.
فرانسه	farànça.
مملکت فرانس	mamlakiatè farànç. Royaume de France.
زدن	zadan.
برادر	bràdar.
سرخ کردن	çorkh kiardan. Rouge faire.
پیچ پیچ کردن	pítch pítch kiardan. Frisette frisette faire.
سرما	çarmà.

Froid, adj.	Cold.
Fromage.	Cheese.
Front.	Forehead.
Frotter.	To rub.
Fruit.	Fruit.
Fuir.	To fly.
Fumée.	Smoke.
Fumer 1º du tabac; 2º un jambon; 3º neutre).	To smoke.
Fusil.	Rifle.

G.

Gages.	Wages.
Gagner.	To win. To earn.
Gai, e.	Merry.
Galoper.	To gallop.
Gant.	Glove.
Garantir.	To warrant.
Garçon.	Boy.
Garde (Prendre).	To take care.
Garder.	To keep.
Gardien.	Keeper.

سرد — *çard.*

پنیر — *panír.*

پیشانی — *píchâni.*

سایدن – سودن – مالیدن — *çâidan; çoûdan; mâlídan.*

میوه — *mîva.*

گریختن — *gioríkhtan.*

دود — *doûd.*

غلیان کشیدن — توتون کشیدن — کشیدن — دود زدن — دود کردن — 1º *ghalyân kiachídan* Pipe tirer; *tutun kiachídan.* Tabac tirer; *kiachídan;* 2º *doûd zadan.* Fumée frapper; 3º *doûd kiardan.* Fumée faire.

تفنگ — *tofang.*

مواجب — *mavâdjèb.*

بردن — مداخل کردن — *bordan* (au jeu); *maddâkhèl kiardan.* Gain faire.

خرّم — *khorram.*

ناختن — *tâkhtan.*

دستکش — *daçt-kiach.* Main-tire (ce qu'on tire sur la main).

ضمانت کردن — *zamânat kiardan.* Garantie faire.

پسر — *pèçar.*

احتیاط کردن — هوشیار بودن — *èhtèyât kiardan.* Attention faire; *hoûchyâr boûdan.* Attentif être.

نگاه داشتن — حفظ کردن — *nègiâh dâchtan.* Regard avoir; *hèfç kiardan.* Garde faire.

قراول — *gardvoul.*

Gargariser (Se).	To gargle one's throat.
Gâter. (abîmer).	To spoil.
Gauche.	Left.
Gauche (A).	To the left.
Geler, act.	To freeze.
Geler, neut.	To be frozen
Gelinotte.	Hazel-hen.
Gendre.	Son-in-law.
Général, subs.	General.
Général, adj.	General.
Généreux, se.	Generous.
Genou.	Knee.
Gens.	People.
Gibier.	Game.
Gigot.	Leg.
Gilet.	Waistcoat.
Glace.	Ice.
Glace (Miroir).	Looking-glass.
Glacer. Voy. Geler.	
Globe.	Globe.
Globe de lampe.	Globe.
Gomme élastique.	Indian rubber.
Gorge.	Throat.
Gosier.	Throat.

قلقله كردن   *galgala kiardan.* Gargarisme faire.

خراب كردن — ضايع كردن   *kharâb kiardan.* Ruiné faire; *zâyè kiardan.* Gâté faire.

چپ   *tchap.*

بدست چپ   *bèdaçtè tchap.* A main gauche.

يخ كردن   *yakh kiardan.* Glace faire.

يخ شدن   *yakh chodan.* Glace devenir.

تيهو   *tihoû.*

داماد   *dâmâd.*

سپاه سالار   *çpâh-çâlâr.*

عمومى   *omoûmí.*

ساخى — جوانمرد   *çakhí; djavânmard.*

زانو   *zânoû.*

مردمان   *mardomân.*

شكار   *chèkiâr.*

ران   *rân.*

ژيلتنكه   *jilètkia.*

يخ   *yakh.*

آينه   *âina.*

كره   *kiora.*

حباب   *habâb.*

مداد پاك كن   *mèdâd pâk-kion.* Crayon nettoyeur.

گلو   *gialoû.*

گلو   *gialoû.*

Goût.	Taste.
Goûter.	To taste.
Goutte.	Drop.
Grâce !	Mercy !
Grain.	Bead.
Graine.	Seed.
Grand, de.	Great. Tall.
Gras, sse.	Fat.
Gratis.	Gratis
Gratter.	To scratch.
Grêle.	Hail.
Grêler.	To hail.
Grenade.	Pomegranate.
Grenier.	Corn-house. Garret.
Gris, se.	Grey.
Grive.	Thrush.
Gronder, act.	To scold.
Gronder, neut.	To rumble.
Gros, sse.	Big, large.
Groseille.	Currant.
Grossier, ère.	Coarse.
Guêpe.	Wasp.
Guérir.	To cure.
Guerre.	War.

مزه — قوّهٔ ذائقه — *maza; govvèyè zâiga.* Force goûtante.

ناجربه كردن — چشيدن — *tadjrèba kiardan.* Essai faire; *tchachîdan.*

قطره — *gatra.*

امان — *amân.*

دانه — *dâna.*

تخم — *tokhm.*

بزرگ — بلند — *bozorg; boland.*

چرب — چاق — *tcharb; tchâg.*

مفت — *moft*

خاريدن — *khâridan.*

تگرگ — *tagiarg.*

تگرگ باريدن — *tagiarg bârîdan.* Grêle pleuvoir.

انار — *anâr.*

انبار — زير شيروانى — *ambâr; zîrèchîrvânî.*

فلفل نمكى — *fèlfèl namakî.* Poivre-sel.

طرقه — *targa.*

بانگ زدن — *bâng zadan.* Gronderie frapper.

غريدن — *gharrîdan.*

كلفت — *kioloft.*

ناجريزى — *tâdjrîzî.*

خشن — *khachèn.*

زنبور — *zamboûr.*

علاج كردن — دوا كردن — *alâdj kiardan.* Traitement faire; *davâ kiardan.* Reine de faire.

جنگ — *djang.*

Guide.	Guide.
Guider.	To guide.

H.

Habile.	Able. Clever.
Habillement.	Clothes.
Habiller.	To dress.
Habiller (S').	To dress.
Habit.	Coat.
Habits.	Clothes.
Habitude.	Habit.
Hache.	Axe.
Hacher.	To hasch.
Haïr.	To hate.
Haleine.	Breath.
Hardi, e.	Bold.
Hardiesse.	Boldness.
Haricots.	Beans.
Hasard.	Hazard, chance.
Hasard (Par).	By chance.
Haut, te.	High.
Haut (En).	Up.
Hélas!	Alas!
Herbe.	Herb, grass.

رهبر — رهنما   *rahbar; rahnemâ.* Chemin-montreur.

راه نمودن   *râh nemoûdan.* Route montrer.

ماهر   *mâhèr.*

دست رخت   *daçtè rakht.* Assortiment d'habits.

رخت (لباس ou) پوشاندن   *rakht* (ou: *lèbâç*) *poûchândan.* Habits faire revêtir.

رخت (لباس ou) پوشیدن   *rakht* (ou: *lèbâç*) *poûchîdan.* Habits revêtir.

قبا — کلیجه   *gabâ; kioûdja.*

رخت — لباس   *rakht; lèbâç.*

عادت — قاعده   *âdat; gâada.*

تبر   *tabar.*

خرد کردن   *khord kiardan.* Menu faire.

نفرت بردن   *nafrat bordan.* Aversion porter.

نفس   *nafaç.*

با جرأت   *bâ djor'at.* Avec hardiesse (étant).

جرأت — جسارت   *djor'at; djaçârat.*

لوبیا   *loûbiâ.*

اتّفاق   *èttèfâg.*

اتّفاقاً   *èttèfâgan.*

بلند   *boland.*

بالا   *bâlâ.*

دریغ — افسوس — حیف   *derîgh; afçoûç; hêîf.*

گیاه   *gèyâh.*

Heure.	Hour; o' clock.
Heure (De bonne).	Early.
Heure (Tout à l').	In a minute.
Heureux, se.	Happy.
Hier.	Yesterday.
Hier soir.	Last night.
Histoire (L')	History.
Histoire (récit).	Tale.
Hiver.	Winter.
Homme.	Man.
Honnête.	Honest.
Honnête. Voy. Poli.	
Honneur (qu'on fait à quelqu'un).	Honor.
Honte.	Shame.
Honte (Avoir).	To be ashamed.
Honteux, se.	Ashamed.
Hôpital.	Hospital.
Horloge.	Clock.
Horrible.	Horrible.
Hors de.	Out of.
Hôte.	Guest.
Hôtellerie.	Inn.
Huile.	Oil.
Humide.	Damp.

ساعت	çâat.
زود	zoûd.
الآن	al'ân.
بابخت — خوشبخت	bâ-bakht ; khoch-bakht.
دیروز	dîroûz.
دیشب	dîchab.
تاریخ	târîkh.
حکایت	hèkiâyat.
زمستان	zèmeçtân.
مرد — آدم	mard ; âdam.
صادق	çâdèg.

تشریف	tachrîf.
شرم — خجالت	charm ; khèdjâlat.
خجالت کشیدن	khèdjâlat kiachîdan. Honte tirer.
خجل — شرمسار	khadjèl ; charmçâr.
مارستان	mârèçtân.
ساعت بزرگ	çâatè bozorg. Montre grande.
وحشت انگیز	vahchat angîz. Horreur excitant.
بیرون از	bîroûn az.
ضیف — مهمان	zèïf ; mèhmân.
مهمان خانه	mèhmân khâna. Hôte-maison.
روغن	roûghan.
تر	tar.

I.

Ici.	Here.
Idée.	Idea.
Ignorant.	Ignorant.
Ignorer.	Not to know.
Ile.	Island.
Illicite.	Illicit.
Image.	Image.
Images.	Engravings.
Imbécile.	Fool, imbecile.
Imiter.	To imitate.
Immédiatement.	Immediately.
Impoli, e.	Rude.
Impossible.	Impossible.
Imprimer.	To print.
Imprimeur.	Printer.
Indiquer.	To show, to point out.
Indisposé.	Unwell.
Informer.	To inform.
Infuser (S').	To be infused.
Ingrat, te.	Ungrateful.
Injuste.	Unjust.
Innocent, te.	Innocent.

اينجا	*índjá.*
خيال	*khèyál.*
ابله — نادان	*abla; nádán.*
نه دانستن - خبر نه داشتن	*na dánèçtan.* Non savoir ; *khabar na dáchtan.* Information non avoir.
جزيره	*djazíra.*
حرام	*harám.*
صورت	*çoûrat.*
تصوير	*taçvír.*
احمق	*ahmag.*
تقليد كردن	*taglíd kiardan.* Imitation faire.
فوراً — آلآن	*fôouran; al'án.*
بى ادب	*bí-adab.* Sans politesse (étant).
محال	*mohál.*
چاپ كردن	*tcháp kiardan.* Imprimé faire.
چاپچى	*tcháptchí.*
نمودن	*nemoûdan.*
بى دماغ	*bí-damágh.* Sans-disposition (étant).
خبر دادن	*khabar dádan.* Information donner.
دم كشيدن	*dam kiachídan.* Force tirer.
ناشكر	*ná-chokr.* Sans-gratitude.
ظالم	*zálèm.*
بى گناه	*bí-gionáh.* Sans faute (étant).

Insolent, te.	Insolent Impudent.
Installer (S').	To establish one's self.
Instituteur.	School master.
Instruire.	To teach.
Instruit, te.	Learned.
Instrument.	Instrument.
Insulter.	To insult.
Intelligent, te.	Intelligent.
Intendant.	Intendant.
Intérieur (L').	Interior.
Intérieur, adj.	Inward, Internal.
Interprète.	Interpreter.
Interroger.	To question.
Intestins.	Bowels.
Introduire.	To introduce.
Inutile.	Useless.
Inventer.	To invent.
Inviter.	To invite.
Isolé, e.	Lone, lonely.
Isthme.	Isthmus.
Itinéraire.	Itinerary.
Ivre.	Drunk.

J.

Jacinthe.	Hyacinth.

بى حيا — *bí hayá.* Sans-honte.

منزل كردن — *manzèl kiardan.* Domicile faire.

معلّم — *moallèm.*

تعليم كردن — *taalím kiardan.* Instruction faire.

دانا — عالم — *dâna; âlèm.*

الت — *âlat.*

دشنام دادن — *dochnám dâdan.* Nom-injurieux donner.

عاقل — *âguèl.*

ناظر — *nâzèr.*

اندرون — *andaroûn.*

داخلى — *dâkhèlí.*

ترجمان — *tardjomân.*

از .... پرسيدن — *az .... porçídan.* A .... demander.

روده — *roûda.*

ادخال كردن — *èdkhâl kiardan.* Introduction faire.

بى فايده — *bi-fáida.* Sans-utilité.

اختراع كردن — *èkhtèrá kiardan.* Invention faire.

مهمان كردن — *mèhmân kiardan.* Invité faire.

تنها — *tanhá.*

تنگه — *tangia.*

راه — *ráh.*

مست — *maçt.*

سنبل — *çombol.*

Jamais.	Never.
Jambe.	Leg.
Jardin.	Garden.
Jardinier.	Gardener.
Jarretière.	Garter.
Jasmin.	Jasmine.
Jaune.	Yellow.
Jeter.	To throw.
Jeu.	Play.
Jeudi.	Thirsday.
Jeûne.	Fast.
Jeune, adj.	Young.
Jeûner.	To fast.
Joie.	Joy.
Joli, e.	Pretty.
Joue.	Cheek.
Jouer.	To play.
Jouir.	To enjoy.
Jour.	Day.
Journal.	Newspaper.
Joyeux, se.	Glad, heerful.
Juge.	Judge.
Juger (considérer comme).	To think, to believe.
Juif.	Jew.
Jument.	Mare.

هيچ وقت — هرکز	*kitch vakht.* Aucun temps; *har-gièz.*
پا	*pâ.*
باغ	*bâgh.*
باغبان	*bâghbân.*
زانو بند	*zânou band.* Genou lien.
ياسمين	*yâçmîn.*
زرد	*zard.*
انداختن	*andâkhtan.*
بازی	*bâzi.*
پنج شنبه	*pandj-chamba.* Cinq-samedi (5e jour après le samedi).
صيام	*çèyâm.*
جوان	*djavân.*
خوشحالی — دماغ	*khochhâli; damâgh* (populaire).
صيام کردن	*çèyâm kiardan.* Jeûne faire.
قشنگ	*qachang.*
گونه	*giouna.*
بازی کردن	*bâzi kiardan.* Jeu faire.
لذّت کشيدن	*lazzat kiachîdan.* Plaisir tirer.
روز	*roûz.*
روزنامه	*roûznâma.*
خوشحال	*khochhâl.*
قاضی	*gâzi.*
دانستن	*dânèçtan.*
جهود	*djahoûd.*
ماديان	*mâdiyân.*

Jurer.	To swear.
Jus.	Juice.
Jusque (jusqu'à).	Till, until, as far as.
Juste.	Just.
Justice.	Justice.

L.

Là.	There.
Lac.	Lake.
Laid, de.	Ugly.
Laine.	Wool.
Laisser.	To leave.
Lait.	Milk.
Lait caillé.	Curdled milk.
Laitue.	Lettuce.
Lampe.	Lamp.
Lance.	Lance.
Lancer.	To throw.
Langage.	Language.
Langue.	Tongue.
Lanterne.	Lantern.
Large.	Wide.
Larme.	Tear.
Las, sse.	Tired.
Latrine.	Water-closet.
Laudanum.	Laudanum.

قسم (سوگند ou) خوردن   yaçam (ou: çôougiand) khordan.
Serment manger. A.

آب   âb.

تا — تا به   tâ; tâ bè.

عادل   âdèl; çahîh (exact).

عدل   adl.

آنجا   ândjâ.

درياچه   daryâtcha.

بدكل   badkièl.

پشم   pachm.

كذاشتن   giozâchtan.

شير   chîr.

ماست   mâçt.

كاهو   kiâhoú.

چراغ   tchèrâgh.

نيزه   nêîza.

انداختن   andâkhtan.

زبان   zabân.

زبان   zabân.

فانوس   fânoûç.

كشاد   giochâd.

اشك   echk.

خسته   khaçta.

خلا — مبرز   khalâ; mabraz.

جوهر ترياك   djôouharð tèryâk.

Lavement.	Injection.
Laver.	To wash.
Légation.	Legation.
Léger, ère.	Light.
Légèrement.	Lightly.
Lendemain.	Next day.
Lent, te.	Slow.
Lentement.	Slowly.
Lentilles.	Lentil.
Lettre (de l'alphabet).	Letter.
Lettre (Missive).	Letter.
Levant (Le).	East.
Lever, v.	To lift up.
Lever (Se).	To get up. To rise.
Lever (du soleil).	Sunrise.
Lèvre.	Lip.
Lévrier.	Hound.
Libre.	Free.
Licite.	Lawful.
Licou.	Halter.
Lien.	Band.
Lier.	To tie.
Lieu.	Place.
Lieutenant.	Lieutenant.

قسم (سوگند ou) خوردن — *yaçam (ou: çôougiand) khordan.* Serment manger. A.

آب — *âb.*

تا — تا به — *tâ; tâ bè.*

عالل — *âdèl; çahîh* (exact).

عدل — *adl.*

آنجا — *ándjá.*

درباچه — *daryátcha.*

بدکل — *badkièl.*

پشم — *pachm.*

کذاشتن — *giozáchtan.*

شیر — *chîr.*

ماست — *máçt.*

کاهو — *kiáhoú.*

چراغ — *tchèrágh.*

نیزه — *neîza.*

انداختن — *andákhtan.*

زبان — *zabán.*

زبان — *zabán.*

فانوس — *fánoûç.*

کشاد — *giochád.*

اشك — *ochk.*

خسته — *khaçta.*

خلا — مبرز — *khalá; mabraz.*

جوهر تریاك — *djôouharð tèryák.*

Lavement.	Injection.
Laver.	To wash.
Légation.	Legation.
Léger, ère.	Light.
Légèrement.	Lightly.
Lendemain.	Next day.
Lent, te.	Slow.
Lentement.	Slowly.
Lentilles.	Lentil.
Lettre (de l'alphabet).	Letter.
Lettre (Missive).	Letter.
Levant (Le).	East.
Lever, v.	To lift up.
Lever (Se).	To get up. To rise.
Lever (du soleil).	Sunrise.
Lèvre.	Lip.
Lévrier.	Hound.
Libre.	Free.
Licite.	Lawful.
Licou.	Halter.
Lien.	Band.
Lier.	To tie.
Lieu.	Place.
Lieutenant.	Lieutenant.

سرهنك	*çarhang.*
خرگوش	*khar-gioûch.* Ane-oreille (aux oreilles d'âne).
خطّ — سطر	*khatt ; çatr.*
سوهان	*çoûhán.*
سوهان كردن	*çoûhán kiardan.* Lime faire.
ليمو	*limoû.*
صاف — روشن	*çáf ; rôouchan.*
البسه	*albèça.*
شير	*chír.*
خواندن	*khándan.*
رخت خواب	*rakhtè kháb.* Vêtement-de sommeil.
كتاب	*kiètáb.*
ساكن	*çákièn.*
منزل	*manzèl.*
منزل دادن — منزل داشتن	1° *manzèl dâdan.* Logement donner ; 2° *manzèl dáchtan.* Logement avoir.
قاعده	*gáada.*
دور	*doûr.*
دور	*doúr.*
دراز — مديد	*deráz ; madíd.*
خيلى وقت — مدّت مديد	*khéïlè vakht.* Beaucoup temps ; *moddatè madîd.* Durée longue.
طول — بعد	*toûl ; bood.*
دوربين	*doûrbín.* Loin voyant.
قفل	*gofl.*

Lorsque.	When.
Lotion.	Lotion.
Louer (prendre ou donner à ferme).	To let. To hire.
Loup.	Wolf
Lourd, de.	Heavy.
Lourd (Il fait).	The weather is suffocating.
Loyer.	Rent.
Luire.	To shine.
Lumière.	Light.
Lumière (Une).	Light.
Lundi.	Monday.
Lune.	Moon.
Lunettes.	Spectacles.
Lutter.	To wrestle.

M.

Macher.	To chew.
Mâçon.	Mason.
Magasin.	Warehouse.
Magnésie.	Magnesia.
Magnifique.	Splendid.
Maigre, adj. et subs.	Meagre, Slight. Lean.
Maigrir.	To grow lean.
Main.	Hand.

وقت که	*vakhtè kiè.* Au temps que.
غسل	*ghoçl.*
کرایت دادن — کرایت کردن	1º *kèrayat dâdan.* Louage donner; 2º *kèrâyat kiardan.* Louage faire.
ثرگ	*giorg.*
سنگین	*çangîn.*
خفه است	*khafa-çt.* Suffocant est.
اجاره	*èdjâra.*
تافتن — درخشیدن	*tâftan; drakhchîdan.*
روشنائی	*rôouchenâyî.*
چراغ	*tchèrâgh.*
دوشنبه	*do-chamba.* Deux-samedi (2ᵉ jour après samedi).
ماه — بدر	*mâh; badr* (pleine lune).
عینک	*ïinak.*
کشتی گرفتن	*kiochtî gièrèftan.* Lutte prendre.
جویدن	*djavidan.*
بنّا	*bannâ.*
انبار	*ambâr.*
جرهر تباشیر	*djôouharè tabâchir.* Essence-de craie.
فشنگ	*gachang.*
لاغر	*lâghèr.*
لاغر شدن	*lâghèr chodan.*
دست	*daçt.*

Mais. — But.

Maison. — House.

Maison de campagne. — Country house.

Maître, maitresse. — Master, mistress.

Mal. — Pain; ache.

Malade. — Ill.

Male. — Mele.

Malgré. — Inspite of, notwithstanding.

Malheureux, se. — Unlucky.

Malhonnête. — 1° Dishonest. 2° Rude.

Malle. — Trunk.

Malpropre. — Dirty.

Mamelle. — Breast.

Manche, fém. — Sleeve.

Manche, masc. — Handle; haft.

Mander. — To send for.

Manger. — To eat.

Manière. — Way, manner.

Manquer (1° rater; 2° être en moins; 3° être sur le point). — 1° To miss. 2° To be wanting. 3° To do pretty nearly.

Manteau. — Cloak.

Manuscrit. — Handwriting.

امّا ــ ولاكن ــ وليكن ــ ولى ·ammá; valâkèn; valíkièu; valí.

خانه ــ منزِل khâna; manzèl.

بيلاق yilág.

صاحب çâhèb.

درد ــ اذيت ــ ضرر dard; aziyat; zarar. A.

ناخوش nâ-khoch. Non-bien.

نر nar.

با وجود bá-voudjoúd. Avec-l'existence (malgré l'existence).

بد بخت bad-bakht. Mauvaise chance (ayant).

نادرست ــ بى ادب 1º ná-doroçt. Non-droit; 2º bí-adab. Sans-politesse.

جامهدان سفرى djámadáně çafarí.

ناپاك ná-pák. Non-propre.

پسنان peçtán.

أسنىين áçtín.

دسته ــ قبضه daçta; gabza.

طلبيدن talabídan.

خوردن khordan.

طور tóour.

خطا كردن ــ كم بودن ــ كم ماندن khatá kiardan. Acte-de-rater faire; 2º kiam boudan. En-moins être; 3º kiam mándan. Peu rester (s'en falloir).

بالاپوش ــ ياپونچه bálá-poúch; yápountcha.

نسخه noçkha.

Marbre.	Marble.
Marchand.	Merchant, dealer, tradesman.
Marchander.	To bargain for.
Marchandises.	Goods, ware.
Marche.	Walking.
Marche (d'escalier).	Step.
Marché.	Market.
Marcher.	To walk.
Mardi.	Tuesday.
Marguerite (Fleur).	Daisy.
Mari.	Husband.
Marier.	To marry.
Marier (Se).	To marry.
Marmite.	Porridge-pot.
Maroquin.	Morroco-leather.
Marque.	Mark.
Marquer.	To mark.
Marteau.	Hammer.
Matelas.	Mattress.
Matelot.	Sailor.
Matin.	Morning.
Mauvais, sc.	Bad.

مرمر — marmar.

تاجر — فروش — tádjèr; feroúch (en composition avec un autre mot).

جانه زدن — طمى كردن — tchâna zadan; téî kiardan.

اموال — امتعه — amvál; amtèa.

رفتار — raftár.

پايه — páya.

بازار — bázár.

راه رفتن — ráh raftan. Route aller.

سهشنبه — çè-chamba. Trois-samedi (3e jour après samedi).

گل داودى — هزار دانه — giolè-dávoudí. Fleur-de David. Hèzâr dána. Mille-grains.

شوهر — chóhar.

تزويج كردن — tazvídj kiardan. Action de marier faire.

عقد (نكاح ou) كردن — agd (ou: nèkiáh) kiardan Mariage faire.

ديك — dík.

ديم — dím.

نشان — علامت — nèchán; alámat.

نشان كردن — nèchán kiardan.

چككش — tchakkioch.

دوشك — dochak.

عمله كشتى — amalèyè kiachtí. Ouvrier-de vaisseau.

صبح — çobh.

بد — bad.

Mèche.	Wick.
Méchant, te.	Wicked.
Médecin.	Doctor.
Médicament.	Medicine.
Meilleur, re.	Better.
Mélanger.	To mix.
Mêler.	To mix.
Mêler (Se).	To interfere.
Melon.	Melon.
Membre.	Limb.
Même.	Self. Same. Very.
Mémoire.	Memory.
Mendiant.	Beggar.
Mendier.	To beg.
Mener.	To take to; to bring.
Menteur.	Liar.
Mentir.	To lie.
Menton.	Chin.
Menuisier.	Joiner.
Mer.	Sea.
Merci.	Thank you; thanks.
Mercredi.	Wednesday.

فتيله	*fitíla.*
ظالم	*zálèm.*
حكيم — طبيب	*hakím ; tabíb.*
دوا	*davá.*
بهتر	*bèhtar.*
آميباختن — بهم زدن — مخلوط كردن	*ámíkhtan ; baham zadan.* Ensemble frapper ; *makhloút kiardan.* Mélangé faire.
بهم كردن	*baham kiardan.* Ensemble faire.
دخل كردن	*dakhl kiardan.* Immixtion faire.
خربزه	*kharbouza.*
عضو	*ozv.*
خود — همين — همان	*khod ; hamín ; hamân.* A.
ياد	*yád.*
سايل — ثدا	*çáièl ; gièdá*
سوال كردن	*çovál kiardan.* Demandé faire.
بردن	*bordan.*
دروغ ثو	*droúgh-gioú.* Mensonge-diseur.
دروغ كفتن (زدن ou)	*droúgh gioftan* (ou: *zadan*). Mensonge dire (ou: frapper).
چانه	*tchána.*
نجّار	*naddjár.*
دريا	*daryá.*
التفات (لطف ou) شما زياد	*eltèfátè* (ou: *lotfè*) *chomâ ziyád.* Attention-de (ou: bonté-de) vous grande.
جهارشنبه	*tchahár-chamba.* Quatre-samedi. (4e jour après samedi).

Mercure (métal).	Quick-silver.
Mère.	Mother.
Méridien.	The meridian.
Mérite.	Talent.
Mériter.	To deserve.
Messager.	Messenger.
Mesurer.	To measure.
Métal.	Metal.
Mettre.	To put.
Mettre (la table).	To lay.
Meubles.	Furniture.
Midi.	Noon; mid-day.
Miel.	Honey.
Mieux.	Better.
Milieu.	Middle.
Mince.	Thin.
Mine (de métal).	Mine.
Mine (apparence).	Appearance; look.
Ministère.	Ministery.
Ministre.	Minister.
Minuit.	Midnight.
Minute.	Minute.
Miroir.	Looking-glass.

جیوه   *djîva.*

مادر   *mádar.*

خطّ نصف النهار   *khattè nèçfè-nnahár.* Ligne-du milieu-du jour.

هنر   *honar.*

لایق .... بودن   *láyèguè .... boudan.* Méritant .... être.

جاپار   *tchápár.*

ذرع (پیمانه) ou کردن   *zar'* (ou: *pêïmána*) *kiardan.* Mesure faire.

معدن   *maadan.*

کذاشتن — نهادن   *giozáchtan; nehádan.*

سفره را پهن کردن   *çofra-rá pahn kiardan.* Nappe étendre.

اسباب خانه   *açbábè khána.* Ustensiles-de maison.

ظهر   *zohr.*

عسل   *açal.*

بهتر   *bèhtar.*

وسط   *vaçat.*

نازک   *názok.*

معدن   *maadan.*

منظر   *manzar.*

وزارت خانه   *vèzárat-khána.* Ministère-maison. A.

وزیر   *vazîr.*

نصف شب   *nèçfè chab.* Milieu-de nuit.

دقیقه   *daguîga.*

Modèle.	Model.
Modiste.	Milliner.
Moelle.	Marrow.
Moineau.	Sparrow.
Moindre.	Lesser; smaller.
Moins.	Less.
Moins (A) que.	Unless.
Mois.	Month.
Moisir.	To mould.
Moitié.	Half.
Mollet.	Calf.
Monde (univers).	World.
Monnaie (1o argent; 2o change; 3o Hôtel de la).	1o Money. 2o Change; 3o Mint.
Monsieur.	Sir.
Montagne.	Mountain.
Monter (gravir).	To climb; to go up.
Monter (à cheval).	To get on horseback.
Monter (une montre).	To wind up.
Montre.	Watch.
Montrer.	To show.
Morceau.	Bit; piece.
Mordre.	To bite.
Mors.	Bit (for a horse).

نمونه	nemoûna.
خیّاطِ زنانه	khayyâtè zanâna. Tailleur pour femmes.
مغز	maghz.
گنجشک	giondjèchk.
کمتر — کوچکتر	kiamtar; kioutchèktar.
کمتر	kiamtar.
مگر — مگر این که	magiar; magiar ín kiè. Excepté ceci qui.
ماه	mâh.
گندیدن	giandîdan.
نیم — نصف	nîm; nèçf.
پاچه	pâtcha.
عالم	âlam.
پول - پول خرد - ضرابخانه	1o poul; 2o poulè khord. Monnaie petite; 3o zarrâbkhâna.
اغا — صاحب	âghâ; çâhèb.
کوه	koûh.
بالا رفتن	bâlâ raftan. En haut aller.
سوار شدن	çavâr chodan. Cavalier devenir.
کوک کردن	kiok kiardan (littér. accord faire).
ساعت	çâat.
نشان دادن — نمودن	nèchân dâdan. Marque donner; nemoûdan.
پاره	pâra.
گزیدن — دندان گرفتن	giazîdan; dandân gièrèftan. Dents prendre.
دهانه	dahâna.

Mortier (1o de chaux; 2o à piler).   Mortar.

Mort.   Death.

Mot.   Word.

Motif.   Motive.

Mou, Molle.   Soft.

Mou (en boucherie).   Lights.

Mouche.   Fly.

Moucher (p. e. la bougie).   To snuff (a candle).

Moucher (Se).   To blow one's nose.

Mouchettes.   Snuffers.

Mouchoir.   Handkerchief.

Moudre.   To grind.

Mouiller.   To wet.

Moulin.   Mill.

Mourir.   To die.

Moustache.   Mustachios.

Moutarde.   Mustard.

Mouton.   Sheep.

Mouvoir.   To move.

Mouvoir (Se).   To move.

Moyen.   Means.

Moyennant.   By means of.

Muet, te.   Dumb.

Mule (ou Mulet).   Mule.

آهك — هاون 1º *áhak*; 2º *hávan*.

مرگ *marg.*

كلمه — لفظ *kialèma*; *lafç.*

سبب — جهت *çabab*; *djahat.*

نرم *narm.*

شش *choch.*

مكس *magiaç.*

گرفتن *gièrèftan.*

دماغ گرفتن *damágh gièrèftan.* Nez prendre.

گلگير *giolgír.*

دستمال *daçtmál* (vulg. *daçmál*).

آسيا كردن — كوبيدن *áçyá kiardan.* Moulin faire; *kioú-bídan.*

تر كردن *tar kiardan.* Mouillé faire.

اسيا *áçyá.*

مردن *mordan.*

سبيل *çibíl.*

خردل *khardal.*

گوسفند *gioúçfand.*

حركت دادن *harakïat dádan.* Mouvement donner.

حركت كردن *harakiat kiardan.* Mouvement faire.

چاره — واسطه *tchára*; *váçètah.*

بواسطه *bèváçètèyè.*

لال *lál.*

استر *açtar.*

Multiplier.	To multiply.
Mûr, e.	Ripe.
Mur.	Wall.
Mûrir.	To ripen.
Musicien.	Musician.
Musique.	Music.
Musulman.	Musulman.

N.

Nacre.	Mother of pearl.
Nadir.	Nadir.
Nager.	To swim.
Naître.	To be born.
Nappe.	Table-cloth.
Narcisse.	Narcissus.
Narghilé.	Persian pipe.
Natte (tapis).	Mat.
Nature.	Nature.
Nature (La).	Nature.
Naturel, elle.	Natural.
Navet.	Turnip.
Ne.	Not.
Ne plus.	No more.
Nécessaire.	Necessary.
Nécessité.	Necessity.

ضرب كردن   *zarb kiardan.* Multiplication faire.

رسیده — پخته   *raçida; pokhta.*

دیوار   *dívár.*

رسیدن   *raçidan.*

مطرب — موزیكاچی   *motrèb; moûzikátchi.*

ساز — موزیكا   *çáz; moûziká.*

مسلمان   *mouçoulmán.*

صدف   *çadaf.*

حضیض   *haziz.*

شنا كردن   *chená kiardan.* Nage faire.

زادن — متولّد شدن   *zádan; motavallèd chodan.* Enfanté devenir.

سفره   *çofra.*

نرگس   *nargièç.*

غلیبان   *ghalyán.*

بساط — بوریا   *bèçát; boûryá.*

ذات — طبع   *zát; tab.*

طبیعت   *tabíat.*

ذاتی — طبیعی   *zátí; tabíí.*

ترب   *torb.*

نه (ن) — مه (م)   *na; ma* (devant la 2e p. sing. de l'impératif).

دیگر نه   *dígiar na.* Encore non.

لازم   *lázèm.*

ضرورت   *zouroûrat.*

Négligent, te.	Careless.
Neige.	Snow.
Neiger.	To snow.
Nerf.	Nerve.
Nettoyer.	To clean.
Neuf, ve.	New.
Neveu.	Nephew.
Nez.	Nose.
Niais, se.	Silly.
Nièce. Voy. Neveu.	Niece.
Nier.	To deny.
Noble.	Noble.
Noce.	Wedding.
Nœud.	Knot.
Noir, e.	Black.
Noisette.	Hazel-nut.
Noix.	Nut.
Nom.	Name.
Nombre.	Number.
Nombreux.	Numerous.
Nommer (donner un nom).	To call, to name.
Nommer (à un poste).	To appoint.
Nommer (Se).	To be called.

لا قيد   *lá guêid.* Sans-lien.

برف   *barf.*

برف آمدن   *barf ámadan.* Neige venir.

رگ   *rag.*

پاك (پاكزه ou) كردن   *pák* (ou: *pâkièza*) *kiardan.* Propre faire.

تازه — نو   *táza; nóou.*

برادر زاده — همشيره زاده   *brâdar-záda.* Frère enfant (enfant du frère); *hamchíra-záda.* (Enfant de la soeur). Ces deux termes signifient aussi *nièce.*

دماغ   *damágh.*

احمق   *ahmaq.*

انكار كردن   *ènkiár kiardan.* Négation faire.

شريف — نجيب   *charíf; nadjíb.*

عروسى   *aroúçí.*

كره   *gièrèh.*

سياه   *çyáh.*

فندق   *fondog.*

كردو   *gièrdoú.*

اسم   *èçm.*

شمار — عدد   *chomár; adad.*

كثير — متعدّد — وافر   *kiaçír; motaaddèd; vâfèr.*

اسم دادن - ناميدن - گفتن   *èçm dádan.* Nom donner; *námídan; gioftan.* A.

نصب كردن   *naçp kiardan.* Nomination faire.

اسم داشتن   *èçm dáchtan.* Nom avoir. A.

Non.	No.
Nord.	North.
Note (qu'on prend).	Note.
Note (officielle).	Note.
Note (sur un texte).	Note.
Note (des dépenses).	Bill.
Nouer.	To tie.
Nourrice.	Nurse.
Nourrir.	To feed.
Nourriture.	Food.
Nouveau, elle.	New.
Nouvel an (Fête du).	New year's day.
Nouvelle, subst.	News.
Noyer, v.	To drown.
Noyer (Se).	To be drowned.
Noyer (arbre).	Walnut-tree.
Nu, e.	Naked.
Nuage.	Cloud.
Nuageux.	Cloudy.
Nuire.	To injure, to hurt.
Nuit.	Night.
Nul, lle.	No.
Nulle part.	Nowhere.
Numéro.	Number.

نه خیر — خیر   *na khêir; khêir.*

شمال   *chamâl.*

یاد داشت   *yâd-dâcht.* Mémoire-tenue.

شرح دولتنی   *charhè dôoulatî.* Commentaire gouvernemental.

حاشیه   *hâchèya.*

حساب   *hèçâb.*

بند کردن — بستن   *band kiardan.* Lien faire; *baçtan.*

دایه   *dâya.*

خوراك دادن — پروردن   *khorâk dâdan.* Nourriture donner; *parvardan.*

خوراك — غذا   *khorâk; ghazâ.*

تازه — نو   *tâza; nôou.*

نو روز   *nôou roûz.* Nouveau jour.

خبر   *khabar.*

غرق کردن   *gharq kiardan.* Noyade faire.

غرق شدن   *gharq chodan.* Noyade devenir.

درخت گردو   *derakhtè gièrdoû.*

برهنه — لخت   *brèhna; lakht.*

ابر   *abr.*

ابر دار   *abr-dâr.* Nuage-ayant.

ضرر کردن   *zarar kiardan.* Nocuité faire

شب   *chab.*

هیچ   *hîtch.*

هیچ جا   *hîtch djâ.* (En) aucun lieu.

نمره   *nomra.*

O.

O, interj.	Oh!
Obéir.	To obey.
Obéissant, te.	Obedient.
Objet.	Object.
Obligé (Forcé).	Bound.
Obligé (L') de qq. un.	Obligee.
Obliger. Voy. Forcer.	
Obscur, e.	Dark.
Observer.	To observe.
Obstacle.	Obstacle.
Obtenir.	To get.
Occasion.	Occasion.
Occident.	West.
Occupation.	Occupation.
Occuper (S').	To be busy with.
Odeur.	Smell.
Odorat.	Smelling.
Oeil.	Eye.
Oeillet.	Pink.
Oeuf.	Egg.
Oeufs sur le plat.	Fried eggs.
Offensant.	Offensing.
Offenser.	To offend.
Offrir.	To offer.

اى *eï.*

اطاعت كردن *ètâat kiardan.* Obéissance faire.

مطيع *motî.*

چيز — مطلب *tchîz; matlab.*

مجبور — لابد *madjboûr; lâbot.*

ممنون *mamnoûn.*

تاريك *târîk.*

ملاحوظ داشتن *malhoûz dâchtan.* Observé avoir.

اخلال — اعتراض *èkhlâl; èètèrâz.*

اخذ كردن *akhz kiardan.* Obtention faire.

فرصت *forçat.*

مغرب *maghrèb.*

مشغوليت *machghouliyat.*

مشغول بودن *machghoûl boûdan.* Occupé être.

بو *boû.*

قوهٔ شامّه *govvèyè châmma.* Force sentante.

چشم *tchèchm.*

قرنفل *garanfol.*

تخم مرغ *tokhmè morgh.* Semence d'oiseau.

نيمرو *nîmroû.*

رنجش آور *randjèch-âvar.* Offense apportant.

آزردن *âzordan.*

تكليف كردن *taklîf kiardan.* Offrande faire.

Oie.	Goose.
Oignon.	Onion.
Oiseau.	Bird.
Olive.	Olive.
Olivier.	Olive-tree.
Ombre.	Shade.
Omelette.	Omelet.
Omettre. Voy. Oublier.	
Oncle.	Uncle.
Ongle.	Nail.
Onguent.	Ointment.
Opinion.	Opinion.
Opposé (vis à vis).	Opposite.
Opposé (contraire).	Contrary.
Or, subs.	Gold.
Orage.	Storm.
Orange, subs.	Orange.
Orange, adj.	Orange colour.
Ordinaire.	Ordinary.
Ordinairement.	Usely.
Ordonnance (de médecin).	Prescription.
Ordonner.	To order.
Ordre (commandement).	Order.

غاز   ghâz.

پیباز   piyâz.

مرغ   morgh.

زیتون   zêïtoûn.

زیتون   zêïtoûn.

سایه   çâya.

کوکو   kioûkioû.

عمو   amou.

ناخن   nâkhon.

روغن ماليدنى   rôoughanè mâlïdani. Huile à-frotter.

گمان — ذهن   giomân; zèhn.

برابر   barâbar.

ضدّ — برعکس   zèdd; bar-akç

طلا — زر   tèlâ; zar.

طوفان — رعد وبرق   toûfân; raad o barg. Tonnerre et éclair.

نارنج — پرتقال   nârèndj; portgâl.

نارناجى   nârèndjî.

علی   âdî.

عادةً   âdatan.

نسخهٔ حکیم   noskhèyè hakîm. Ecrit-du médecin.

فرمان دادن — حکم کردن   farmân dâdan. Ordre donner; hvkm kiardan. Ordre faire.

امر — فرمان   amr; farmân.

Ordre (organisation).	Order.
Ordures.	Filth, dirt, sweepings.
Oreille.	Ear.
Oreiller.	Pillow.
Orge.	Barley.
Orgueilleux, se.	Proud.
Orient.	East.
Origine.	Origin.
Orner.	To adorn.
Orphelin.	Orphan.
Os.	Bone.
Oser.	To dare.
Oseille.	Sorrel.
Oter.	To take off.
Ou.	Or.
Où?	Where?
Oublier.	To forget.
Ouest.	West.
Oui.	Yes.
Ouïe.	Hearing.
Ours.	Bear.
Ouvert, te.	Open.
Ouvrage.	Work.
Ouvrier.	Workman.

نظام nèzâm.

چرك tchèrk.

كوش gioúch.

بالنج — زير كوشى bâlèndj; zírè-gioúchí. Sous-oreille.

جو djóou.

مغرور magroûr.

مشرق machrèg.

اصل açl.

آراستن árâçtan.

يتيم yatîm.

استخوان oçtokhân.

جرأت كردن djor'at kiardan.

ترشك torchak.

برداشتن — ربودن — كم كردن bar-dâchtan (vulg. var-dâchtan); reboûdan; kiam kiardan. En-moins faire.

يا yâ.

كجا — كو kiodjâ; kioû.

فراموش كردن farâmoûch kiardan. Oubli faire.

مغرب maghrèb.

بلى — آرى balè; ârè.

قوّهٔ سامعه govvèyè çâmèa. Force entendante.

خرس khèrç.

باز bâz (vulg. vâz).

كار kiâr.

كارگر — عمله kiârgiar. Oeuvre-faisant; amala.

Ouvrir.	To open.

P.

Page (de livre).	Page.
Paille.	Straw.
Pain.	Bread.
Pain de savon.	Cake of soap.
Pain de sucre.	Loaf of sugar.
Paire.	Pair.
Paix.	Peace.
Palais.	Palace.
Pâle.	Pale.
Palefrenier.	Ostler.
Pâlir.	To grow pale, to turn pale.
Palmier.	Palm-tree.
Panier.	Basket.
Panser.	To dress.
Pantalon.	Trousers.
Panthère.	Panther.
Pantoufle.	Slippers.
Papier.	Paper.
Papillon.	Butterfly.
Paquebot.	Steamboat.
Paquet.	Parcel.
Par.	By.
Paraître.	To seem, to appear.

باز كردن   *bâz kiardan* (vulg. *vâz kiardan*).

صحيفه   *çahifa*.

كاه   *kiâh*.

نان   *nân*.

قالب صابون   *gâlèbè çâboûn*.

كلّهٔ قند   *kiallèyè gand*.

جفت — زوج   *djoft; zôoudj*.

آشتى — صلاح   *âchtí; çalâh*.

عمارت سلطانى   *èmâratè çoltâní*. Edifice royàl.

زرد   *zard*.

جلودار   *djelôoudâr*.

زرد شدن   *zard chodan*. Jaune devenir.

نخل   *nakhl*

سبد   *çabad*.

تيمار كردن   *tîmâr kiardan*. Soin faire.

شالوار   *châlvâr*.

پلنگ   *palang*.

پاپوش   *pâpoûch*.

كاغذ   *kiâghaz*.

پروانه   *parvâna*.

واپور   *vâpoûr*.

بوغچه   *baughtcha*.

از — ى (d'unité)   *az; — î. A.*

نمودن   *nemoûdan*.

Parapluie.	Umbrella.
Parasol.	Parasol.
Parceque.	Because.
Parcourir (une route).	To travel through.
Pardon.	Pardon.
Pardonner.	To pardon, to excuse.
Pareil, le.	Alike.
Parent.	Relation.
Paresseux, se.	Lazy.
Parfait, te.	Perfect.
Parfait (en gramm.)	Perfect.
Parfum.	Perfume, scent.
Parier.	To bet.
Parler.	To speak.
Parmi.	Between.
Parole.	Speach, Word.
Part.	Share.
Part (De la).	From.
Partager.	To divide.
Particulier.	Private.
Particulier (En).	Aside.
Partie.	Part.
Partir.	To start.
Partout.	Every where.

چتر	*tchatr.*
سایه‌بان	*çâya-bân.*
از این جهت که	*az in djahat kiè.* Par cette cause que.
طی کردن	*têi kiardan.* Parcours faire.
عفو	*aff.*
بخشیدن — عفو کردن	*bakhchidan; aff kiardan.* Pardon faire.
مثل — مانند	*mèçl; mânand.*
خویش	*khich.*
تنبل	*tambal.*
کامل	*kiâmèl.*
ماضی	*mâzi.*
عطر	*atr.*
نذر بستن	*nazr baçtan.* Pari lier.
حرف زدن	*harf zadan.* Parole frapper.
میان	*mèyân.*
حرف — کلام	*harf; kialâm.*
بهره	*bahra.*
از — از زبان	*az; az zabânè.* De la langue de.
قسم کردن	*guèçm kiardan.* Division faire.
مخصوص	*makhçoûç.*
در خلوت — در کنار	*dar khalvat.* Dans solitude; *dar kianâr.* Dans côté.
جزو	*djozv.*
رفتن — ،روانه (عازم ou) شدن	*raftan; ravâna* (ou: *âzèm*) *chodan.* Partant devenir.
همه جا	*hama djâ.* (En) tout lieu.

Parvenir.	To come to, to reach.
Pas, sm.	Step, pace.
Pas, nég.	Ne s'exprime ce ni en anglais ni persan.
Passage.	Passage.
Passementier.	Lace-man.
Passementerie.	Lace.
Passeport.	Passport.
Passer (passer; se dissiper).	To pass; to go away, to cease.
Passer (son temps).	To spend.
Passer au tamis, à la passoire.	To sift, to strain.
Passoire.	Strainer.
Pâte.	Paste.
Patère.	Curtain rosette.
Patience.	Patience.
Patient, te.	Patient.
Patte.	Paw.
Paume (de la main).	Palm.
Pauvre.	Poor.
Pavot.	Poppy.
Payer.	To pay.
Pays	Country.
Paysan.	Peasant.
Peau.	Skin.
Pêche (fruit).	Peach.
Pécher.	To sin.

رسیدن	*raçidan.*
کام	*kiâm.*

ره گذر	*rah-giozar.* Route-passage.
علاقه بند	*alâga-band.*
علاقه	*alâga.*
تذکره	*tazkièra.*
گذشتن	*giozachtan.*
گذراندن	*giozarândan.*
صاف کردن	*çâf kiardan.* Pur faire.
غربال کوچک	*gharbâlè kioûtchèk.* Tamis petit.
خمیر	*khamîr.*
منگوله پرده	*mankioûlèyè parda.*
صبر	*çabr.*
صبور	*çaboûr.*
پاچه	*pâtcha.*
سرپنجه — کف	*çarpandja; kiaf.*
فقیر — بیچاره	*faqaîr; bî-tchâra.* Sans moyens.
خشخاش	*khachkhâch.*
ادا کردن — پول دادن	*èdâ kiardan; poul dâdan.* A.
ولایت	*vèlâyat.*
دهقان	*dèhgân.*
پوست	*poûçt.*
شفتالو — هلو	*chaftâloû; houloû.*
گناه کردن	*gionâh kiardan.* Péché faire.

Pêcher.	To fish
Peigne.	Comb.
Peigner.	To comb.
Peigner (Se).	To comb one's hair.
Peindre.	To paint.
Peine.	Trouble
Peine (Se donner la).	To take the trouble.
Peine (Ce n'est pas la).	Don't trouble about it.
Peintre.	Painter, artist.
Peler.	To take off the skin.
Pélerin.	Pilgrim.
Pelle.	Shovel.
Pencher, vn.	To lean, to slope.
Pendant, prép.	While, whilst.
Pendre, act.	To hang.
Pendre, neutre.	To be hanging.
Penser.	To think. To believe.
Percer.	To pierce.
Perche (1° bâton; 2° poisson).	1° Pole. 2° Perch.

ماهى صيد كردن — *mâhî çéïd kiardan.* Poisson chasse faire.

شانه — *châna.*

شانه كردن — *châna kiardan.*

زلف خود را شانه كردن — *zolfè khod-râ châna kiardan.* Cheveux de soi peigne faire.

نقّاشى كردن — *naggâchi kiardan.* Peinture faire.

زحمت — *zahmat.*

زحمت كشيدن — *zahmat kiachîdan.* Peine tirer.

لازم نيست — *lâzèm niçt.* Nécessaire non est.

نقّاش — *naggâch.*

پوست تراشيدن (بر داشتن) — *poúçt tarâchîdan* (ou: *bar-dâchtan*); peau tailler (ou: enlever).

حاجى — *hâdjî.*

خاك انداز — *khâk-andâz.* Terre-jeteur.

مايل شدن — *mâyèl chodan.* Penchant être.

در اين مدت — *dar în moddat.* Dans cet intervalle.

آويختن – بر دار كشيدن — *âvîkhtan; bar dâr kiachîdan.* Sur potence tirer.

آويخته بودن — *âvîkhta boúdan.* Pendant être.

فكر (خيال ou) كردن – گمان داشتن — *fèkr* (ou: *khèyâl*) *kiardan; giomân dâchtan.* A.

سوراخ كردن — *çoúrâkh* (vulg. *çoúlâkh*) *kiardan.* Trou faire.

چوب دراز – ماهى خاردار — *tchoúbè derâz.* Bâton long, *mâhî khârdâr.* Poisson à-épine.

Perdre.	To loose.
Père.	Father.
Périr.	To perish.
Perfection.	Perfection.
Perle.	Pearl.
Permettre.	To allow.
Permis, se.	Allowed.
Perron.	Flight of steps.
Persan.	Persian.
Perse.	Persia.
Perse (étoffe).	Chintz.
Persil.	Parsley.
Personne.	Person.
Personne (négat.).	Nobody.
Pesant, te.	Heavy.
Peser (1° act. 2° neutre).	To weigh.
Peser (Etre lourd).	To be heavy.
Petit, te.	Small, little.
Pétrir.	To knead.
Peu.	Little.
Peu (Un).	A Little.
Peu à peu.	By degree.
Peuple.	People.
Peur.	Fear.

كم كردن	giom kiardan. Perdu faire.
پدر	pèdar.
هلاك شدن	halák chodan. Perdition devenir.
كمال	kiamál.
مرواريد	morvárid.
ازن دادن	ezn dádan. Permission donner.
روا — حلال	ravá; halâl.
جلوخان	djelôoukhán.
فارسی — ایرانی	fárçi; iráni.
ایران	irán
جبیت	tchit.
جعفری	djaafarí.
كس — نفر	kiaç; nafar (ce dernier mot s'emploie pour le pluriel).
هیچ كس	hitch kiaç. Aucune personne.
سنگین	çangín.
كشیدن — وزن بودن	1o kiachídan; 2o vaznè ... boudan. A.
سنگین بودن	çangín boûdan. Lourd être.
كوچك	kioutchèk.
آغشتن	ághachtan.
كم	kiam.
كمی — قدری	kiamí; gadrí.
رفته رفته — كم كم	rafta rafta. Allant allant; kiam kiam. Peu peu.
ضایفه	táifa.
ترس	tarç.

Peureux, se. — Timorous.

Peut-être. — May be, perhaps.

Pharmacie. — Apothecary's shop.

Photographe. — Photograph.

Photographie. — Photography.

Pièce (morceau). — Piece.

Pièce (d'étoffe). — Piece.

Pièce Voy. Chambre.

Pie. — Mag-pie.

Pied. — Foot.

Pied (A). — On foot.

Pierre. — Stone.

Pigeon. — Pigeon.

Piler. — To pound.

Pilon. — Pestle.

Pilule. — Pill.

Pince. — Pincers.

Pincette. — Tongs.

Pinceau. — Brush.

Pipe. — Pipe.

Pire. — Worse.

Pistolet. — Pistol.

Place. — Place.

Place publique. — Public place.

Place (Emploi). Voy. Fonction.

ترسو	*tarçoú.*
شايد — بلكه	*cháyad ; balkia.*
دوا خانه	*davâ-khána: Médicament maison.*
عكّاس	*akkiâç.*
عكس	*akç.*
پاره	*pâra.*
توپ	*toúp.*
زاغ	*zâgh.*
پا — پاچه	*pâ ; pâtcha* (pour les objets).
پياده	*piyâda.*
سنك	*çang.*
كبوتر	*kiaboútar* (vulg. *kiaftar*).
كوپيدن	*kioúbídan.*
دسته	*daçta.*
حبّ	*habb.*
كاز	*kiâz.*
انبر	*ombor.*
قلم مو	*galamè moú.* Plume-de poil.
چبوق — غليان	*tchoboúq ; ghalyân.*
بدتر	*battar.*
طپانچه	*tapântcha.*
جا — كاه	*djâ ; giâh.*
ميدان	*méidân.*

Placer.	To place, to put.
Placet.	Petition.
Plafond.	Ceiling.
Plaie.	Wound.
Plaindre.	To pity.
Plaindre (Se).	To complain.
Plaine.	Plain.
Plaire.	To please.
—— s'il vous plait.	If you please.
Plaisanter.	To joke.
Plaisir.	Pleasure.
Planche.	Board.
Plancher.	Floor.
Planète.	Planet.
Plante.	Plant.
Planter.	To plant.
Plaque.	Sheet.
Plat, subs.	Dish.
Plat, adj.	Flat.
Plateau.	Plateau.
Plâtre.	Plaster.
Plein, ne.	Full.
Pleurer.	To cry.

ڱذاشتن — نهادن   *giozáchtan; nehádan.*

عريضه   *aríza.*

طاق سقف   *táguè çagf.* Voûte-du toit.

زخم   *zakhm.*

بيچاره دانستن   *bîtchára dánèçtan.* Infortuné juger.

شكايت كردن   *chèkáyat kiardan.* Plainte faire.

ساحت — صحرا - ميدان   *çáhat; çahrá; mèidán.*

پسنديدن - خوش آمدن   *paçandídan; khoch ámadan.* A.

زحمت كشيده - التفات كرده   *zahmat kiachída.* Peine ayant tiré; *eltèfát kiarda.* Attention (bienveillante) ayant fait.

ظرافت كردن   *zaráfat kiardan.* Plaisanterie faire.

لذت   *lazzat.*

تخته   *takhta.*

كف اوطاق   *kiafè otdy.*

سياره   *çayydra.*

نبات   *nabát.*

كاشتن   *kidchtan.*

ورقه   *varaga.*

دورى   *dóouri.*

پهن   *pahn.*

مجموعه   *madjmoúa.*

ڱج   *giadj.*

پر   *por.*

كريه كردن   *giòrya kiardan.* Pleurs faire.

Pleuvoir.	To rain.
Plier.	To fold.
Plomb.	Lead.
Pluie.	Rain.
Plume.	Feather.
Plume (à écrire).	Pen.
Plumer.	To pluck.
Plus.	More.
Plus. Voyez Ne plus.	
Pluvier.	Plover.
Pluvieux, se.	Rainy.
Plusieurs.	Some, many.
Poche.	Pocket.
Poêle de cuisine.	Frying pan.
Poète.	Poet.
Poids.	Weight.
Poids (de balance).	Weights.
Poignard.	Dagger.
Poignée (ce que contient la main fermée).	Handful.
Poignée (p. e. d'épée).	Handle.
Poignet.	Wrist.
Poing.	Fist.
Point.	Point.
Point, nég. (ne se rend pas en persan.	

بارش (باران) (ou) آمدن   *bârèch* (ou: *bârân*) *âmadan.* Pluie venir.

تا کردن   *tâ kiardan.* Pli faire.

سرب   *çorb.*

بارش — باران   *bârèch; bârân.*

پر   *par.*

قلم   *galam.*

پر کندن   *par kiandan.* Plume arracher.

بیشتر   *bíchtar.*

دم جنبانك   *dom-djombânek.* Queue-remue.

بارندگی   *bârandagí.*

چند   *tchand.*

جیب   *djíb.*

تابه   *tâba.*

شاعر   *châèr.*

وزن   *vazn.*

سنگ   *çang.*

قمه   *qama.*

مشت   *mocht.*

قبضه   *gabza.*

سردست   *çardaçt.*

مشت   *mocht.*

نقطه   *nogta.*

Poire.	Pear.
Poire à poudre.	Powder horn.
Pois.	Peas.
Poison.	Poison.
Poisson.	Fish.
Poitrine.	Chest.
Poivre.	Pepper.
Poivrer.	To pepper.
Pole.	Pole.
Poli, e.	Polite.
Pommade.	Pomada.
Pomme.	Apple.
Pomme de terre.	Potatoe.
Pont.	Bridge.
Pont (de vaisseau).	Deck.
Porc.	Hog.
Port.	Harbour.
Porte	Door.
Porte-cochère.	Gate.
Portefeuille.	Portfolio.
Porte-monnaie.	Flat purse.
Porte-plume.	Pen holder.
Porter.	To carry.
Porter (Se). A.	
Poser, va.	To put.

گلابى	*giolábi.*
ساجمه دان	*çátchma-dán.*
ناخود	*nokhóút.*
زهر	*zahr.*
ماهى	*máhí.*
سينه	*çína.*
فلفل	*fèlfèl.*
فلفل زدن	*fèlfèl zadan.* Poivre frapper.
قطب	*gotb.*
با ادب	*bá-adab.* Avec-politesse (étant).
روغن	*róoughan.*
سيب	*çíb.*
سيب زمينى	*çíbè zamíní.* Pomme terrestre.
پل	*pol.*
بام	*bám.*
خوك	*khouk.*
بندر	*bandar.*
در	*dar.*
دروازه	*darvâza.*
جزوكش	*djozvakiach.*
كيف پول	*kièïfè poúl.* Poche-à argent.
دسنهء قلم	*daçtèyègalam.* Manche-de plume.
بردن — بدوش گرفتن	*bordan; bè-doúch gièrèftan.* Sur l'épaule prendre.
كذاشتن — وضع كردن	*giozáchtan; vaz kiardan.*

Possible.	Possible.
Pot.	Pot.
Pot à eau.	Jug.
Pot de chambre.	Chamber-pot.
Potage.	Soup.
Potiron.	Pumpkin.
Pouce (doigt).	Thumb.
Pouce (mesure).	Inch.
Poudre (de riz, dentifrice).	Powder.
Poudre (à canon).	Gun powder.
Poulain.	Colt.
Poule.	Hen.
Poulet.	Chicken.
Pouls.	Pulse.
Poumon.	Lungs.
Pour.	For.
Pourboire.	Drink-money.
Pourquoi?	Why?
Pourrir.	To rot.
Pourtant.	Though.
Pousser, v. a.	To push.
Pousser v. n. Voy. Croître.	
Poussière.	Dust.

ممكن	momkièn.
ظرف	zarf.
آفتابه	áftába.
شاشدان	châchdán.
آش — سوپ	ách; çoúp.
كدوری	kiodoûri.
شست	chaçt.
وجب	vadjab
گرد	giard.
بارود	bároút.
كره	kiorra.
مرغ خانگی	morghè khánagí. Oiseau domestique.
جوجه	djoúdja.
نبض	nabaz.
شش	choch.
برای — از برای — ازبهر	bèrái; az bèrái; az bahrè.
بخشش — پول چای	bakhchèch; poûlè tchái. Argent-pour le-thé.
چرا — از چه جهت	tcharà; az tchè djahat. Pour quelle cause?
پوسیدن — گندیدن	poúçidan; giandìdan.
لاكن	lâkièn.
نكان (فشار ou) دادن	tèkiàn (ou: fechár) dádan. Poussée donner.
گرد — خاك	giard; khák.

Poutre.	Beam.
Pouvoir, v.	To be able; can.
On peut.	One can.
Pré.	Meadow.
Précaution.	Precaution.
Précepteur.	Tutor.
Précieux, se.	Precious.
Préférer.	To prefer.
Premier, e.	First.
Premièrement.	First.
Prendre.	To take.
Préparer.	To prepare.
Près.	Close, near.
Présent, s.	Present, gift.
Présent, adj.	Present.
Présenter.	To present.
Préserver.	To preserve, to save.
Pressé (Etre) (personne, chose).	To be in a hurry. Urgent.
Presser (comprimer).	To squeeze.
Presser (Se).	To hurry.
Prêt, te.	Ready.
Prêter.	To lend.
Prévenir (informer).	To inform.

نیر tír.

توانستن tavánèçtan.

توان — مینوان mítaván; taván.

مرغزار — چمن tchaman; morghzár.

احتیاط — حذر hazar; èhtèyát.

لله lala.

فاخر fákhèr.

دوستتر داشتن doúçttar dáchtan. Plus ami avoir (se construit avec la prép. از az).

اول avval.

اولًا — اول avval; avvalan.

گرفتن gièrèftan.

حاضر کردن házèr kiardan. Prêt faire.

نزدیك nazdík.

پیشكش píchkiach.

حاضر házèr.

عرض کردن arz kiardan. Présentation faire.

احتیاط کردن — نگاه داشتن nègiáh dáchtan. Regard avoir; èhtèyát kiardan.

تعجیل داشتن taadjíl dáchtan. Hâte avoir.

فشار دادن fechár dádan. Pression donner.

تعجیل نمودن taadjíl nemoúdan. Hâte montrer.

حاضر házèr.

امانت دادن amánat dádan. Crédit donner.

خبر دادن khabar dádan. Nouvelle donner.

Prier (demander).	To ask, to pray.
Prier (dieu).	To pray.
Printemps.	Spring.
Prix.	Price.
Probable (C'est).	It is probable.
Prochain, aine (Futur).	Next.
Professeur.	Teacher.
Profiter.	To profit.
Profiter de.	To take the opportunity.
Profond, de.	Deep.
Progresser.	To make progress.
Promener (Se).	To take a walk.
Promettre.	To promise.
Prompt, te.	Quick.
Prononcer.	To pronounce.
Propre (1º particulier; 2º opp. à sale).	1º Own. 2º Clean.
Propriétaire.	Owner.
Provisions.	Provisions.
Prune.	Plum.
Puer.	To stink.

التماس کردن — پوسیدن   *èltèmáç kiardan.* Demande faire; *porçîdan.*

دعا کردن   *doá kiardan.* Prière faire.

بهار   *bahár.*

قیمت   *gueïmat.*

احتمال دارد — شاید   *èhtèmál dárad.* Probabilité a; *cháyad.*

آینده   *áyanda.*

معلّم   *moallèm.*

مداخل کردن — منفعت کردن   *madâkhèl kiardan.* Gains faire; *manfaat kiardan.* Profit faire.

غنیمت شمردن   *ghanimat chomordan.* Butin compter (= considérer comme butin).

عمیق   *amîg.*

ترقّی کردن   *taragguí kiardan.* Progrès faire.

گردش کردن   *giardèch kiardan.* Promenade faire.

وعده کردن   *vaada kiardan.* Promesse faire.

چابك   *tchábok.*

تلفّظ کردن   *talaffoz kiardan.* Prononciation faire.

خاصّ — پاك — پاکزه   1º *kháçç*; 2º *pák*; *pákèza.*

صاحب — مالك   *çáhèb; málèk.*

زاد — ذخیره   *zád; zakhîra.*

الو   *áloú.*

بوی بد داشتن   *boúi bad dáchtan.* Odeur mauvaise avoir.

Puisque.   Since.

Puits.   Well.

Punir.   To punish.

Pur, e.   Pure.

Purger (Se).   To purge.

Q.

Qualité.   Quality.

Qualité (1ère, 2e, etc.).   Rate.

Quand.   When.

Quand ?   When ?

Quantité.   Quantity.

Quart.   Quarter.

Quartier (de ville).   Quarter.

Quartier de la lune.   Quarter.

Quelque.   Some.

Quelquefois.   Sometimes.

Quelqu'un.   Somebody.

Quereller, se quereller.   To quarrel.

Questionner.   To ask.

Queue.   Tail.

Quinconque.   Whoever.

Quoique.   Although, though.

R.

Rabot.   A plane.

چونکه	*tchoúnkiè.*
چاه	*tchâh.*
تنبیه کردن	*tanbîh kiardan.* Punition faire.
صاف — خالص	*çâf; khâlèç.*
مسهل خوردن	*moçhèl khordan.* Purgatif manger.
کیفیّت — صفت	*kèïfiyyat; çèfat.*
نمره	*nomra.*
وقتنی که — هر وقت که	*vakhté kiè.* (Au) temps que; *har vakht kiè.* Tout temps que.
چه وقت — کی	*tchè vakht.* Quel temps; *kièï.*
قدر	*qadr.*
ربع	*rob'.*
محلّه	*mahalla.*
تربیع	*tarbî.*
چند	*tchand.*
گاه گاه	*giâh-giâch.* Fois Fois.
کسی	*kiaçî.*
دعوا کردن	*daavâ kiardan.* Querelle faire.
پرسیدن — سؤال کردن	*porçîdan; çouvâl kiardan.* Demande faire.
دم	*dom.*
هر کس که	*har kiaç kiè.* Toute personne qui.
اگرچه — اگرچند	*agiartchè; agiartchand.*
رنده	*randa.*

Raccommoder (un habit).	To mend.
Raccommoder. Voy. Réparer.	
Raccommoder.	To shorten.
Race.	Race, breed.
Racheter.	To buy again.
Racine.	Root.
Raconter.	To relate.
Radis.	Radish.
Raffraichir.	To cool, to refresh.
Raie.	Line.
Raie des cheveux.	Parting.
Raisin.	Grapes.
Raison.	Reason.
Raison (cause).	Reason.
Raisonnable.	Sensible.
Ramasser.	To pick up.
Rame.	Oar.
Ramener.	To bring back.
Ramer.	To row.
Rançon.	Ransom.
Rang.	Rank.
Rang (rangée).	Row.
Ranger.	

رفو كردن — *refoú kiardan.* Raccommodage faire.

كوتاه كردن — *kioútáh kiardan.* Court faire.

ذرّيت — نژاد — اصل — *zoriyyat ; néjád ; açl.*

پس خريدن — *paç-kharídan.*

بيخ — *bíkh.*

حكايت كردن — *hèkidyat kiardan.* Histoire faire.

ترب — *torb.*

خنك كردن — *khonak kiardan.* Frais faire.

خطّ — *khatt.*

فاق مو — *fáguè moú.*

انكور — *angioúr.*

عقل — *agl.*

جهت — سبب — *djahat ; çabab.*

عاقل — *águèl.*

بلند كردن — از زمين بر داشتن — *boland kiardan.* Haut faire; *az zamín bar-dáchtan.* De terre enlever.

پارو — *pároú.*

بر گرداندن — *bar-giardándan.*

پارو كردن — *pároú kiardan.* Rame faire.

فدا — *fèdá.* A.

پايه — رتبه — مرتبه — *páya ; rotba ; martaba.*

صف — *çaf.*

مرتّب داشتن — منظّم كردن — *morattab dáchtan.* Rangé avoir; *monazzam kiardan.* Rangé faire.

Râper.	To rasp.
Rapide.	Quick.
Rapidement.	Quickly.
Rapiécer.	To piece, to patch.
Rapporter.	To bring back.
Rapprocher.	To bring together.
Rapprocher (Se).	To come near.
Rare.	Rare.
Rarement.	Rarely.
Raser.	To shave.
Raser (Se).	To shave.
Rasoir.	Razor.
Rassasié, e.	Sate.
Rassembler.	To gather.
Rat.	Rat.
Rayer (1º régler; 2º effacer).	1º To draw lines. 2º To strike out.
Rayon (de soleil).	Sunbeam.
Recette (1º argent reçu; 2º recette de médecin).	Receipt.
Recevoir.	To receive.
Réchauffer.	To warm.
Rechercher.	To inquire.
Récit.	Account.
Réciter (par cœur).	To tell (one's lesson).

مالیدن *málidan.*

زود — تند *zoúd ; tond.*

زود *zoúd.*

پنبه انداختن *pamba andâkhtan.* Coton jeter

پس آوردن *páç-ávordan.*

نزدیک آوردن *nazdîk ávordan.* Près amener.

نزدیک آمدن *nazdîk ámadan.* Près venir.

نادر *náděr.*

ندرةً *nadratan.*

تراشیدن *taráchídan.*

ریش خودرا تراشیدن *ríchě khod-rá taráchídan.* Barbe de soi raser.

تیغ *tígh.*

سیر *çír.*

گرد آوردن — جمع کردن *giěrd ávordan.* En rond amener ; *djam kiardan.* Réunion faire.

موش *moúch.*

خط کردن — محو کردن 1° *khatt kiardan.* Raie faire ; 2° *mahv kiardan.* Effacement faire.

پرتو *pertóou.*

بازیافت — نسخه 1° *bázyáft ;* 2° *noçkha.*

گرفتن — رسیدن *giěrěftan ; raçídan.* A.

گرم کردن *giarm kiardan.* Chaud faire.

تفحص کردن *tafahhoç kiardan.* Perquisition faire.

حکایت *hěkiáyat.*

از بر خواندن *az bar khándan.* Par cœur reciter.

Réclamer.	To call for; to claim.
Récolte.	Gathering in (harvess, crop).
Récolter.	To gather in.
Recommander.	To recommend; to charge.
Récompenser.	To reward.
Reconduire	To go back with; to show out to.
Reconnaissance.	Gratitude.
Reconnaissant, e.	Thankful.
Reconnaître.	To recognise.
Reconnaître. Voy. Avouer.	
Reçu, subs.	Receipt.
Redingote.	Coat.
Réel, elle.	Real.
Refléchir (penser).	To think.
Réfléchir (les rayons).	To reflect.
Refroidir.	To cool.
Refroidir (Se).	To catch a cold.
Refuser.	To refuse.
Regarder.	To look.
Registre	Register.
Règle.	Rule.
Régler (les comptes).	Tho settle (the accounts).
Regretter.	To regret, to be sorry for.
Reins.	Loins.

طلبیبدن — *talabîdan.*

درو — *derôu.*

درویدن — درو کردن — *darvîdan ; derôu kiardan.* Récolte faire.

سفارش کردن — *çefârèch kiardan.* Recommandation faire.

پاداش کردن — جزا کردن — *pâdâch kiardan ; djèzâ kiardan.* Récompense faire.

تشییع کردن - بدرقه کردن — *tachyî kiardan ; badarga kiardan.* Conduite faire.

شکر — *chokr.*

ممنون — *mamnoûn.*

شناختن — *chenâkhtan.*

قبض — *gabz.*

کلنجه — *kiolèdja.*

حقیقی — *haguiguî.*

فکر کردن — *fèkr kiardan.* Pensée faire.

انعکاس کردن — *èn'èkiâç kiardan.* Réflexion faire.

سرد کردن — *çard kiardan.* Froid faire.

سرما خوردن — *çarmâ khordan.* Froidure manger.

دریغ کردن — ابا کردن — *derîgh kiardan ; èbâ kiardan.* Refus faire.

نگاه کردن — *nègiâh kiardan.* Regard faire.

کتابچه — فهرست — *kiètâbtçha ; fèhrèçt.*

قلعده — *gâada.*

محاسبه کردن — *mohâçaba kiardan.* Compte faire.

افسوس خوردن — *afçoûç khordan.* Regret manger.

صلب — کمر — *çolb ; kiamar.*

Relâcher.	To relax.
Relais.	Relay, Station.
Relier (un livre).	To bind.
Relieur.	Binder.
Remarquer.	To notice.
Remède.	Remedy.
Remercier.	To thank.
Remettre (en mains).	To deliver.
Remise.	Coach house.
Remonter (une montre).	To wind up.
Remplir.	To fill.
Remuer, v. n.	To move.
Remuer, v. a.	To stir.
Renard.	Fox.
Rencontrer.	To meet.
Rendre.	To give back.
Rendre (faire devenir).	To make.
Rendre visite.	To call, to pay a visit.
Renverser.	To throw down, to overturn.
Renverser (un liquide). Voy. Répandre.	
Répandre.	To scatter, to spread.

رها كردن	*rèhá kiardan*. Relâchement faire.
منزلگاه	*manzèlgiáh*.
جلد كردن	*djèld kiardan*. Peau faire.
صحّاف	*çahháf*.
ملتفت شدن	*moltafèt chodan*. Remarquant devenir.
دوا	*davá*.
شكر كردن — ممنون شدن	*chokr kiardan*. Remerciement faire; *mamnoún chodan*. Remerciant devenir (litt. obligé devenir).
تسليم كردن — سپردن	*taçlím kiardan*. Livraison faire; *çopordan*.
انبار	*ambár*.
كوك كردن	*kiok kiardan* (littéral. accord faire).
پر كردن	*por kiardan*. Plein faire.
حركت كردن — جنبيدن	*harèkiat kiardan*. Mouvement faire; *djombídan*.
حركت دادن — جنباندن	*harèkiat dádan*. Mouvement donner; *djombándan*.
روباه -	*roúbáh*.
ملاقات كردن	*molágát kiardan*. Rencontre faire.
پس دادن	*paç-dádan*.
كردن — گردانيدن	*kiardan; giardándan*.
بازديد كردن	*báz-díd kiardan*. Revue faire.
افكندن - زمين انداختن	*af kiandan; zamín andákhtan*. A terre jeter.
منتشر كردن	*montachèr kiardan*. Répandu faire.

Répandre (un liquide).	To shed.
Réparer (un objet).	To repare.
Réparer (un habit).	To mend.
Repasser (le linge).	To iron.
Repentir (Se).	To repent.
Répéter.	To repeat.
Répéter sa leçon.	To tell.
Répondre.	To answer.
Repos.	Rest.
Reposer (Se).	To rest.
Repriser.	To darn.
Respirer.	To breathe.
Ressembler.	To resemble, to be like.
Reste.	Rest, remainder.
Rester.	To be over.
Retard (Etre en).	To be late.
Retarder (montre).	To be slow.
Retenir.	To keep back.
Retourner, act.	To send back.
Retourner (S'en).	To return, to go or come back.
Retrouver.	To find again.
Réunir.	To gather.

ریاختن   *rikhtan.*

درست کردن — تعمیر کردن   *doroçt kiardan.* En-bon-état faire; *taamír kiardan.* Réparation faire.

رفو کردن   *refoů kiardan.* Raccommodage faire.

اتو کشیدن   *outou kiachídan.* Fer tirer.

پشیمان شدن   *pèchímán chodan.* Repentant devenir.

باز گفتن   *bâz-gioftan.* Re-dire.

خواندن   *khándan.*

جواب دادن   *djaváb dádan.* Réponse donner.

استراحت — آسودگی   *èçtèráhat; áçoůdagi.*

آسودن — استراحت کردن   *áçoůdan; èçtèráhat kiardan.* Repos faire.

وصله کردن   *voçla kiardan.* Reprise faire.

نفس کشیدن (کردن ou)   *nafaç kiachídan* (ou *kiardan*). Souffle tirer (ou: faire).

شبیة بودن — مانستن   *chabíh boůdan.* Ressemblant être; *mánèçtan.*

ماباقی   *mábáguí.*

ماندن   *mándan.*

دیر آمدن   *dír ámadan.* Tard venir.

کند بودن   *kiond boůdan.* Lent être.

باز داشتن   *báz-dáchtan.* Re-tenir.

بر گرداندن   *bar-giardándan.*

مراجعت کردن — بر گشتن   *morádjaat kiardan.* Retour faire; *bar-giachtan.*

دو باره پیدا کردن   *do bára pěïda kiardan.* Deux fois trouver.

جمع کردن   *djam kiardan.* Réunion faire.

Réussir.	To succede.
Réveiller.	To wake up, to call.
Réveiller (Se).	To wake up.
Rêver.	To dream.
Réverbère.	Street-lamp.
Revoir (Au).	Till we meet again.
Rez de chaussée.	Ground floor.
Rhume.	Cold (A).
Riche.	Rich.
Rideau.	Curtain.
Rien.	Nothing.
Rien (Cela ne fait).	It does not matter.
Ridicule, adj.	Ridiculous.
Rire.	To laugh.
Ris de veau.	Sweetbread.
Rivage.	Shore.
Riz.	Rice.
Riz cuit au beurre.	Pilaw.
Robe.	Gown.
Roi.	King.
Rompre. Voy. Casser.	
Rond, e.	Round.
Rose, subs.	Rose.
Rose (Eau de).	Rose-water.

بمراد رسيدن — bèmorâd raçîdan. A désir arriver.

بيدار كردن — bîdâr kiardan. Eveillé faire.

بيدار شدن — bîdâr chodan. Eveillé devenir.

خواب ديدن — khâb dîdan. Rêve voir.

فانوس — fânoûç.

تا بباز ديد — tâ bè-bâzdid. Jusqu'au revoir.

مرتبه پائين — martabèyè pâyin. Degré inférieur.

زكام — zokiâm.

غنى — دولتمند — ghani; dôoulatmand.

پرده — parda.

هيچ — هيچ چيز — hitch; hitch tchiz. Aucune chose.

عيب ندارد — êib na-dârad. Défaut non a.

مسخره — maçkhara.

خنديدن — khandîdan.

گوشت شيرين — giôchtè chirin. Viande douce.

كنار — kianâr.

برنج — berèndj.

پلو — pelôou.

جامه — رخت زنانه — djâma; rakhtè-zanâna vêtement de femme).

شاه — châh.

مدوّر — گرد — modavvar; gièrd.

گل سرخ — giolè çorkh. Fleur rouge.

گلاب — giolâb.

Rose, adj.	Rosy colour.
Rossignol.	Nightingale.
Rôti, subs.	Roast.
Rôtir.	To roast.
Rôtisseur.	Cook.
Rôtissoire.	Roaster.
Roue.	Wheel.
Rouge.	Red.
Route.	Road.
Ruban.	Ribbon.
Rubis.	Ruby.
Rue.	Street.
Ruer.	To kick.
Ruiner.	To ruin.
Ruisseau.	Brook, stream.

S.

Sable.	Sand.
Sabre.	Broad Sword.
Sage.	Wise.
Saignée.	Blood-letting.
Saigner, va.	To let blood.
Saigner, vn.	To bleed.

گلی *gioli.*

بلبل *bolbol.*

کباب *kiabáb* (principalement rôti de mouton).

کباب کردن — سرخ کردن *kiabáb kiardan.* Rôti faire; *çorkh kiardan.* Rouge faire.

کبابچی *kiabábtchí.*

تابهٔ کباب *tábèyè kiabáb* Poêle-à rôti.

چرخ *tcharkh.*

قرمز — سرخ *guermèz; çorkh.*

راه *ráh.*

حمایل *hamáil.*

لعل — یاقوت سرخ *laal; yágoútè çorkh.* Hyacinthe rouge.

کوجه *koútcha.*

لگد زدن *lagiad zadan.* Coup-de-pied frapper.

خراب کردن — ویران کردن *kharáb kiardan; vêirán kiardan.* Ruiné faire.

جو *djoú.*

رمل *raml.*

شمشیر *chamchír.*

عاقل *águèl.*

فصد *façad.*

خون گرفتن *khoún gièrèftan.* Sang prendre.

خون آمدن *khoún ámadan.* Sang venir.

Sain, e.	Sound, healthy.
Saisir. Voy. Prendre.	
Saison.	Season.
Salade.	Salad.
Salaire.	Wages, salary.
Sale.	Dirty.
Salé, e.	Salt.
Saler.	To salt.
Salière.	Salt-box.
Salir.	To dirty, to foul, to stain.
Salive.	Saliva.
Salon.	Sitting room.
Salle.	Hall.
Salle à manger.	Dining room.
Saluer.	To bow.
Samedi.	Saturday.
Sang.	Blood.
Sanglier.	Wild boar.
Sangsue.	Leech.
Sanguin, ne.	Sanguine.
Sans.	Without.
Sans doute.	Probably.
Sans aucun doute.	Without any doubt, for certain
Santé.	Health.

سالم   *çâlèm.*

فصل   *façl.*

سالات   *çâlât.*

مزد — مواجب   *mozd; mavâdjèb.*

نابّاك — كثيف — چركين   *nâpâk; kiaçîf; tchèrkîn.*

شور   *choûr.*

نمك ريختن (زدن)   *namak rîkhtan* (ou: *zadan*). Sel verser (ou: frapper).

نمكدان   *namakdân.*

چركين كردن   *tchèrkîn kiardan.* Sale faire.

آب دهن   *âbè dahan.* Eau-de bouche.

تالار   *tâlâr.*

اوطاق   *otâg.*

اوطاق سفره خانه   *otâguè çofra khâna.* Chambre-à garde-nappe.

سلام كردن   *çalâm kiardan.* Salut faire.

شنبه   *chamba.*

خون   *khoûn.*

خوك وحشى   *khoûkiè vahchî.* Porc sauvage.

زالو   *zâloû.*

پر خون   *por-khoûn.* Plein-de-sang.

بى — بدون   *bî; bèdoûn.*

احتمال دارد   *èhtèmâl dârad.* Possibilité a.

البته   *albatta.*

سلامت — احوال   *çalâmat; ahvâl* (ce dernier mot ne s'emploie que quand on s'informe de la santé).

Satisfait, te.	Satisfied, Contented.
Sauce.	Sauce.
Sauter.	To jump.
Sauterelle.	Locust.
Sauvage, adj.	Wild.
Sauver.	To save.
Sauver (Se).	To escape.
Savant, e.	Learned.
Saveur.	Savour.
Savoir.	To know.
Savon.	Soap.
Savonner.	To wash with soap.
Sceau.	Seal.
Scie.	Saw.
Science.	Science.
Scier.	To saw.
Seau.	Bucket.
Sec, che.	Dry.
Sécher (1º act. 2º neutre).	To dry.
Seconde, subs.	Second.
Secouer.	To shake.
Secourir.	To succour.
Secours (Au).	Help!

راضی   *râzî.*

آب خورش   *âbkhorèch.*

جستن   *djaçtan.*

ملخ   *malakh.*

وحشی   *vahchî.*

خلاص کردن   *khalâç kiardan.* Délivrance faire.

خلاص شدن — گریختن   *khalâç chodan* (délivrance devenir); *giorikhtan* (s'enfuir).

دانا — عالم   *dânâ; âlèm.*

مزه   *maza.*

دانستن   *dânèçtan.*

صابون   *çâboûn.*

صابون زدن   *çâboûn zadan.* Savon frapper.

مهر   *mohr.*

ارّه   *arra.*

علم   *èlm.*

ارّه کردن   *arra kiardan.* Scie faire.

شیردان   *chîrdân.*

خشك   *khochk.*

خشك کردن — خشكانیدن خشكیدن   1° *khochk kiardan.* Sec faire; *khochkiânîdan; khochkîdan.*

ثانیه   *çânèya.*

تکان دادن   *tèkiân dâdan.* Secousse donner.

کمك کردن   *kiomak kiardan.* Secours faire.

فریاد — ای داد وبیداد   *faryâd; êi dâd o bîdâd.* O justice et injustice!

Secret.	Secret.
Secrétaire (1º écrivain; 2º meuble).	Secretary.
Sein.	Bosom.
Sel.	Salt.
Selle.	Saddle.
Seller.	To saddle.
Selon.	According to.
Semaine.	Week.
Semblable, adj.	Alike.
Sembler.	To deem.
Semelle.	Sole.
Semer.	To sow.
Sens (d'un mot).	Sense; meaning.
Sens (Les).	The senses.
Sentir (1o En général; 2º une odeur; 3o flairer; 4o neutre).	1º To feel; 2o, 3o, 4o to smell.
Séparément.	Separately.
Séparer.	To separate.
Serment.	Oath.
Serpent.	Snake.
Serre.	Conservatory.
Serrer (Presser).	To squeeze.
Serrure.	Lock.
Servante.	Servant.

سرّ	*çèrr.*
منشی - میرزا - میز تحریر	*monchí; mírzá;* 2º *mízè tahrír.* Table-de rédaction.
پستان	*peçtán.*
نمك	*namak.*
زین	*zín.*
زین بستن	*zín baçtan.* Selle attacher.
بر حسب	*bar-haçb.*
هفته	*hafta.*
مثل — مانند — شبیه	*mèçl; mánand; chabíh.*
نمودن	*nemoúdan.*
تخت کفش	*takhtè-kiafch.*
پاشیدن — تخم کاشتن	*páchídan; tokhm kiáchtan.* Semence planter.
معنی	*maaní.*
حواس	*havâçç.*
جس کردن — شنیدن / بو کردن — بو داشتن	1º *djaçç kiardan.* Sensation faire; 2º *chenídan;* 3º *boú kiardan.* Odeur faire; 4º *boú dáchtan.* Odeur avoir.
جداگانه	*djodágiána.*
جدا کردن	*djodá kiardan.* Séparé faire.
قسم — سوگند	*gaçam; çbougiand.*
مار	*már.*
گرم خانه	*giarm khána.* Chaude maison.
فشار دادن	*fechár dádan.*
قفل	*gofl.*
کنیز	*kianíz.*

Serviette.	Napkin.
Servir.	To wait.
Servir (Se).	To use.
Serviteur.	Servant.
Seul, le.	Alone.
Si, conj.	If. Wether.
Si, adv.	Yes.
Siffler.	To whistle.
Signer.	To sign.
(Signifier). — Cela signifie	(To mean). — It means.
Que signifie?	What means?
Silence.	Silence.
Simple.	Simple.
Sincère.	Sincere.
Sincérité.	Sincerity.
Singe.	Ape.
Sirop.	Sirop, syrup.
Sœur.	Sister.
Soie.	Silk.
Soif.	Thirst.
Soif (Avoir). On dit, en persan, être altéré. Voy. Altéré.	
Soigner.	To take care of; to look after.
Soir.	Evening.
Soir (Ce).	This evening.
Soit!	Be it so
Sol.	Ground.

پشگیر	*pèchgír.*
خدمت کردن	*khèdmat kiardan.* Service faire.
استعمال کردن	*eçtèèmál kiardan.* Emploi faire.
نوکر	*nôoukiar.*
تنها	*tanhá.*
اگر — که	*agiar; kiè.* A.
بلی	*balè.*
صفیر زدن	*çafír zadan.* Sifflement frapper.
امضا کردن	*èmzá kiardan.* Signature faire.
یعنی	*yaaní.*
یعنی چه	*yaaní tchè.*
خاموشی	*khámoúchí.*
ساده	*çáda.*
صمیمی	*çamímí.*
صداقت	*çadágat.*
میمون	*mêimoún.*
شربت	*charbat.*
خواهر — همشیره	*kháhar; hamchíra.*
ابریشم	*abríchom.*
تشنگی	*tachnagí.*
پرستاری کردن	*paraçtárí kiardan.* Soin faire.
شب — عصر	*chab; açr.*
امشب	*amchab.*
باشد	*báchad.*
زمین	*zamín.*

Soldat.	Soldier.
Soleil.	Sun.
Solide.	Firm.
Sombre.	Dark.
Somme (total).	Amount, sum.
Somme (En).	In short.
Sommeil.	Sleep.
Son (bruit).	Sound.
Son (de blé).	Bran.
Sonner, v. a.	To ring.
Sonner, v. n.	To ring, to sound.
Sorbet.	Sherbet.
Sortir.	To go out.
Sot, te.	Silly.
Soucoupe.	Saucer.
Soudain.	Suddenly.
Souffler (une bougie).	To blow out, to pout out.
Souffler, v. n.	To blow.
Souffler (le feu).	To blow.
Soufflet (claque).	Slap.
Soufflet (Donner un).	To give a slap.
Soufflet (instrument).	Bellows.
Souffrir.	To suffer.

سرباز   *çarbáz.*

آفتاب — خورشید   *áftáb; khorchíd.*

استوار   *oçtovár.*

تاریك   *tárík.*

مبلغ   *mablagh.*

خلاصه — بالجمله   *kholáça; bèldjomla.*

خواب   *kháb.*

صدا   *çèdá.*

سبوس   *çeboúç.*

زنك زدن   *zang zadan.* Sonnette frapper.

زنك كردن   *zang kiardan.* Sonnette faire.

شربت   *charbat.*

بیرون شدن (آمدن ou رفتن ou)   *bíroún chodan (ou: âmadan ou: raftan).* Dehors devenir (ou: venir ou: aller).

احمق   *ahmag.*

نعلبكی   *naalbakí.*

ناگاه   *nágiáh.*

پوف كردن   *poúf kiardan.* Faire *poúf.*

وزیدن   *vazîdan.*

نفخ كردن   *nafkh kiardan.*

سله   *çèlla.*

سله زدن   *çèlla zadan.* Soufflet frapper.

منفاج   *mènfákh.*

رنجور بودن — محنت كشیدن   *randjoúr boúdan.* Souffrant être; *mèhnat kiachîdan.* Souffrance tirer.

Soulever.	To lift up.
Soulier.	Shoe.
Soupe.	Soup.
Souper, sm.	Supper.
Souper, v.	To have supper.
Soupière.	Soup-tureen.
Source.	Spring.
Sourd, de.	Deaf.
Sous.	Under.
Soustraire (en arithm.).	To substract.
Souvenir (Se).	To remember.
Souvent.	Often.
Spectacle.	Sight. Show.
Station.	Station.
Sucre.	Sugar.
Sucré, e.	Sweet.
Sucrer.	To sugar, to put sugar.
Sucrier.	Sugar-basin.
Sud.	South.
Suer.	To swet; to perspire.
Sueur.	Perspiration.
Suffire.	To be sufficient.
Suffisant.	Sufficient.
Suie.	Soot.

بر داشتن	bar-dáchtan.
كفش	kiafch.
آش — سوپ — شوربا	ách; çoúp; choúrbá.
شام	chám.
شام خوردن	chám khordan. Souper manger.
شوربا خوري	choúrbá-khori.
چشمه	tchèchma.
كر	kiar.
زير	zírè.
تفريق كردن	tafríg kiardan. Soustraction faire.
ياد داشتن — ياد آمدن	yád dáchtan. Mémoire avoir; yád ámadan. Mémoire venir. A.
مكرر — خيلى وقت — بكرات	mokarrar; khêîlè vakht. Beaucoup [temps; bè kiarrát.
تماشا	tamáchá.
منزلگاه	manzèlgiáh.
قند — شكر	gand; chèkiar.
شيرين	chírín.
قند ريختن (زدن) (ou	gandríkhtan (ou: zadan). Sucre verser (ou: frapper).
شكردان	chèkiardán.
جنوب	djounoúb.
عرق كردن	arag kiardan. Sueur faire.
عرق	arag.
بس بودن	baç boúdan. Assez être.
بس — كافى	baç; kiáfí.
دوده	doúda.

Suite (De).	Directly.
Suivre.	To follow.
Supposer.	To suppose.
Sur.	Over, on, upon.
Sur (la rue, le jardin, etc.).	On.
Sûr, e (Etre) de.	To be positive.
Surpris, se.	Suprised, astonished.
Surtout, adv.	Especially.
Surveillant.	Inspector.
Surveiller.	To survey.

T.

Tabac (1º pour le narghilé. 2º pour la cigarette).	Tabacco.
Tabatière.	Snuff-box.
Table (1º en général; 2º à manger).	Table.
Tableau.	Picture.
Taché, e.	Stained.
Tacher.	To stain.
Tâcher.	To try.
Taie d'oreiller.	Pillow-case.
Taille (1º ceinture; 2º hauteur).	1º Waist. 2º Size.
Tailler.	To carve.
Tailler (un vêtement).	To cut.

آلآن
al'ân.

أز پی رفتن - از عقب رفتن - پی روی کردن
az pêï raftan; az agab raftan.
Sur talon aller; *pêï-ravi kiar-*
dan. Derrière-allée faire.

پنداشتن
pandâchtan.

بر - روی
bar; roŭï.

شمتن
çèmtè.

یقین داشتن
yaguín dâchtan. Certitude avoir.

متعجّب - حیران
motaaddjèb; hêïrân.

خصوصاً
khouçoûçan.

پرستار
paraçtâr.

پرستاری کردن
paraçtârí kiardan. Surveillance
faire.

تنباکو - توتون
1º *tambâkoŭ;* 2º *tutun.*

انفیه دان
anfiya-dân.

میز - سفره
1º *mîz;* 2º *çofra.*

تصویر
tasvír.

لکّه وار
lakkia-vâr.

لکّه کردن
lakkia kiardan. Tache faire.

سعی کردن - جهد کردن
çaï kiardan; djahd kiardan. Ef-
fort faire.

رویه بالش
roŭyèyè bâlèch.

کمر - قدّ
1º *kiamar;* 2º *gadd.*

تراشیدن
tarâchídan.

بریدن
borídan.

Tailleur. — Tailor.

Taire (Se). — To remain silent; to hold one's tongue.

Talent. — Talent.

Talon. — Heel.

Tamis. — Sifter.

Tamiser. — To sift.

Tant. — So much.

Tant mieux. — So much the better.

Tante. — Aunt.

Tapis. — Carpet.

Tard. — Late.

Tarder. — To delay.

Tarif. — Rate of prices.

Tasse. — Cup.

Tâter. Voy. Toucher.

Taxe. — Tax

Teindre. — To dye.

Teint. — Complexion.

Teinturier. — Dyer.

Tel, le (Un, une). — So and so.

Témoin. — Wittness.

Témoigner (1º Déposer. 2º Montrer). — 1º To testify, to wittness. 2º To show, to express.

Température. — Temperature.

خيّاط   *khayyât.*

خاموش بودن (شدن ou)   *khâmoûch boûdan* (ou: *chodan*). Silencieux être (ou devenir).

هنر   *honar.*

پاشنه   *pâchna.*

غربال   *ghèrbâl.*

صاف كردن   *çâf kiardan.* Pur faire.

اين قدر ــ چندان ــ چندين   *ín gadar.* Cette quantité; *tchandân; tchandín.*

آن بهتر   *ân bèhtar.* Cela mieux.

خاله ــ عمّه   *khâla; amma.*

فرش ــ قالى   *farch; gâlí.*

دير   *dír.*

دير آمدن   *dír âmadan.* Tard venir.

فهرست نرخها   *fèhrèçtè nèrkh-hâ.* Liste-des taxes.

فنجان   *fèndjân.*

نرخ   *nèrkh.*

رنك زدن (كردن ou)   *rang zadan* (ou: *kiardan*). Couleur frapper ou: faire.

رنك رو   *rangiè roû.* Couleur-du visage.

صبّاغ   *çabbâgh.*

فلان   *folân.*

شهيد   *chahíd.*

شهادت كردن ــ نمودن   1º *chahâdat kiardan.* Témoignage faire; 2º *nemoûdan.*

درجهٔ هوا   *daradjèyè havâ.* Degré-de l'air.

Tempête.	Storm.
Temple.	Temple.
Temps (1° durée; 2° atmosphère).	1° Time. 2° Weather.
Tenaille.	Pincers, tongs.
Tendre, adj.	Tender.
Tendre, v.	To stretch.
Tendre (la main).	To hold out.
Tenir.	To hold.
Tenir (Se).	To stand.
Tente.	Tent.
Terminer. Voy. Finir.	
Terre.	Earth.
Tête.	Head.
Thé.	Tea.
Théière.	Tea-pot.
Tiers.	Third part.
Tigre.	Tiger.
Timide.	Timid.
Tirant de botte.	Strap.
Tire-bouchon.	Cork-screw.
Tire-bourre.	Worm-screw.
Tirer.	To draw.
Tirer (Faire feu).	To fire.
Tirer (l'épée).	To draw.

طوفان — toúfán.

معبد — maabèd.

وقت — زمان — هوا — 1° vakht; zamán; 2° havá.

كاز — kiáz.

نرم — لطيف — narm; latíf.

كشيدن — kiachídan.

دراز كردن — deráz kiardan. Long faire.

داشتن — dáchtan.

استادن — içtádan.

چادر — tcháder.

زمين — zamîn.

سر — رأس — كله — çar; raaç; kalla.

چاى — tchái.

چاىدان — tcháidán.

ثلث — çolç.

ببر — babr.

كم جرأت — kiam-djor'at. Peu hardiesse (ayant).

دستگير — daçtgîr.

پيچ‌در بطرى — pítch-darè botri. Tire-bouchon de bouteille.

كهنه كش — kiohna-kiach.

كشيدن — kiachídan.

انداختن — تير انداختن — andákhtan; tír andákhtan. Coup lancer.

آختن — ákhtan.

Toile.	Linen.
Toilette.	Toilet.
Toilette (meuble).	Dressing-table.
Toit.	Roof.
Tôle.	Sheet-iron.
Tomate.	Tomato.
Tomber.	To fall.
Tonneau.	Cask.
Tonner.	To thunder.
Tonnerre.	Thunder.
Torchon.	House-cloth, clout.
Tordre.	To twist.
Torrent.	Torrent.
Tort (Avoir).	To be wrong.
Tortue.	Tortoise.
Tôt.	Early.
Toucher, v.	To touch.
Toucher, subs.	Touch, feeling.
Toujours.	Always.
Tour (1° fém.; 2° de tourneur; 8° mon, ton).	1° Tower; 2° Throwing wheel; 8° Turn.
Tour (aux échecs).	Castle.
Tourmenter.	To torment, to plague.
Tourner, v. n.	To turn, to revolve.

قماش	*gomách.*
بزگ	*bazg.*
میز بزگ	*mízè bazg.* Table-de toilette.
بام	*bám.*
آهن ورقه	*áhènè varaga.* Fer-en plaque.
بادنجان فرنگی	*bádèmajánè farangi.* Aubergine européenne.
افتادن	*oftádan.*
چلیك	*tchèlík.*
صدا کردن	*çèdá kiardan.* Bruit faire. A.
غرش آسمان	*gharchè áçmán.* Grondement-du ciel.
كهنه	*kiohna.*
پیچیدن — پیچاندن	*pítchîdan; pítchándan.*
سبیل	*çêîl.*
غلط کردن	*ghalat kiardan.* Faute faire.
سنگ پشت	*çang-pocht.* Pierre-dos.
زود	*zoúd.*
دست زدن — حردن	*daçt zadan.* Main frapper; *khordan* (se dit des choses).
قوّۀ لامسه	*govvèyè lâmèça.* Force touchante.
همیشه	*hamícha.*
برج — چرخ خراطی — نوبت	1° *bordj;* 2° *tcharkhè kharráti.* Roue-de tourneur; 3° *nôoubat.*
رخ	*rokh.*
ازار کردن — انیت کردن	*ázár kiardan; aziyat kiardan.* Tourment faire.
گردیدن — دور کردن — چرخ زدن	*giardîdan; dôour kiardan* (tour faire); *tcharkh zadan* (roue frapper).

Tourner, v. act.	To turn, to wind.
Tourneur.	Turner.
Tousser.	To cough.
Tout, te.	All; whole; every.
Tout à fait.	Entirely, quite.
Toux.	Cough.
Trace.	Trace.
Tracer.	To trace.
Traducteur.	Translator.
Traduire.	To translate.
Trahir.	To betray.
Trainer.	To draw, to drag.
Traire.	To milk.
Tranquille.	Quiet.
Transporter.	To convey.
Travail.	Work.
Travailler.	To work.
Travers (De).	Croooked.
Traverser.	To cross.
Traversin.	Bolster.
Trembler.	To tremble, to shiver.
Tremper.	To dip.

گرداندن	*giardändan.*
خرّاط	*kharrät.*
سرفه کودن	*çorfa* (vulg. *çolfa*) *kiardan.* Toux faire.
همه — هر	*hama; har.* A.
تماماً — کلاّ	*tamäman; kiollan.*
سرفه	*çorfa* (vulg. *çolfa*).
اثر	*açar.*
خطّ کردن — کشیدن	*khatt kiardan.* Ligne faire; *kiachídan.*
ترجمان	*tardjomän.*
ترجمه کردن	*tardjoma kiardan.* Traduction faire.
خیانت کردن	*khèyänat kiardan.* Trahison faire.
کشیدن	*kiachídan.*
دوشیدن	*doûchídan.*
آسوده آرام	*âçoûda; ârâm.*
نقل کردن	*nagl kiardan.* Transport faire.
کار	*kiär.*
کار کردن	*kiär kiardan.* Travail faire.
کج	*kiadj.*
از .... گذشتن	*az .... giozachtan.* Par .... passer.
نازبالش	*näzbälèch.*
لرزیدن	*larzídan.*
توی .... کردن — خیسانیدن	*toûyè .... kardan.* Dans .... faire; *khíçänídan.*

Très.	Very.
Tricot.	Knit work.
Tricoter.	To knit.
Triste.	Sad.
Trompé (Etre).	To be deceived.
Tromper.	To deceive.
Tromper (Se).	To be wrong, to be mistaken.
Trompette.	Trumpet.
Trop.	To much.
Trotter.	To trot.
Trottoir.	Foot-path.
Trou.	Hole.
Trouble, adj.	Turbid, muddy.
Troubler.	To trouble.
Trouer.	To bore a hole.
Troupe.	Band.
Troupe (de soldats). Voy. Armée.	
Troupeau.	Flock, herd.
Trouver.	To find.
Truelle.	Trowel.
Truite.	Trout.
Tube.	Pipe.

خيلى khêïlè.

بافته bâfta.

بافتن bâftan.

دلتنگ dèltang.

غول شدن - فريب خوردن ghoûl chodan. Tromperie devenir; ferîb khordan. Tromperie manger.

غول زدن — فريب دادن ghoûl zadan. Tromperie frapper; ferîb dâdan. Tromperie donner.

غلط كردن ghalat kiardan. Faute faire.

شيپور chêïpoûr.

زياد — بسيار — پر ziyâd; bèçyâr; por.

لک لک رفتن lok lok raftan. Aller (en faisant) lok lok.

مردرو mardroou.

سوراخ çoûrâkh (vulg. çoûlâkh).

مغشوش maghchoûch.

تشويش كردن tachvîch kiardan. Trouble faire.

سوراخ كردن çoûrâkh (vulg. çoûlâkh) kiardan. Trou faire.

طايفه tâïfa.

گله giala.

پيدا كردن pêïdâ kiardan. Manifeste faire.

ماله mâla.

ماهى قزل آلا mâhîyè guèzèl-âlâ. Poisson de rouge mêlé.

لوله loûla.

Tuer. — To kill.

Tulipe. — Tulip.

Turban. — Turban.

Turc, que. — Turkish.

Turquoise. — Turquoise.

Tuteur. — Tutor.

Tuyau (1º en général; 2º de cheminée). — 1º Pipe. 2º Chimney pipe.

Typographe. — Typographer.

Typographie. — Typography.

U.

Uni (Egal). — Even, smooth.

Unique. — Single.

Urine. — Urine.

Uriner. — To make water.

Usage (1º Emploi. 2º Coutume). — 1º Use. 2º Habit; custom.

Usé. — Worn out.

Utile. — Useful.

V.

Vacciner. — To vaccinate.

Vache. — Cow.

Vaincre. — To vanquish.

Vaincu, e. — Vanquished.

Vaisseau. — Vessel.

كشتن	kiochtan.
لاله	lâla.
عمامه	amâma.
عثمانلو — ترکی	ocmânlu; torkî.
فيروزه	firouza.
وصی	vaçî.
لوله — دودكش	1° loûla; 2° doûd-kach. Fumée-tire.
باسمهجی — چاپچی	bâçmatchî; tchâptchî.
چاپ	tchâp.
صاف	çâf.
فرد	fard.
شاش	châch.
شاش کردن	châch kiardan.
مصرف — استعمال — عادت — قاعده	1° maçraf; èçtèèmâl. 2° âdat; gâada.
مستعمل	moçtaamal.
بافايده	bâ-fâida. Avec-utilité (étant).
آبله كوبيدن	âbèla kioubîdan. Pustule écraser.
ماده گاو	mâda-giâv. Femelle bœuf.
غلبه كردن	ghalaba kiardan. Action-de-vaincre faire.
مغلوب	maghloûb.
كشتنی — كشمی	kiachtî; giamî.

Valeur.	Value, price.
Valise.	Portemanteau.
Vallée.	Vally.
Valoir.	To be worth, to cost.
Vanter (Se).	To boast.
Vapeur.	Steam.
Vapeur (Bateau à).	Steamboat.
Vase, sm.	Vase.
Vaste.	Spacious, large.
Veau.	Calf.
Veau (Viande de).	Veal.
Veille (La).	Eve; the day before.
Veine.	Vein.
Velours.	Velvet.
Vendre.	To sell.
Vendredi.	Friday.
Venger.	To revenge.
Venger (Se).	To revenge one's self.
Venin.	Venom.
Venir.	To come.
Vent.	Wind.
Ventouse.	Cupping-glass.
Ventre.	Belly.

قيمت   *guêimat.*

صندوق جرمى   *çandoúguè tcharmí.* Coffre-de cuir.

درّه   *dorra.*

ارزيدن   *arzídan.*

لاف (غرور ou) زدن   *láf* (ou: *ghouroúr*) *zadan.* Vanterie frapper.

بخار   *bokhár.*

واپور   *vápoúr.*

ظرف   *zarf.*

گشاد   *giochád.*

گوساله   *gioúçála.*

گوشت گوساله   *gioúchtè gioúçála.*

روز گذشته   *roúzè giozachta.* Jour passé.

رگ   *rag.*

مخمل   *makhmal* (vulg. *makhmar*).

فروختن   *feroúkhtan.*

جمعه   *djom'a*

قصاص گرفتن   *gaçáç gièrèftan.* Vengeance prendre.

انتقام كردن   *èntègám kiardan.* Vengeance faire.

زهر مار   *zahrè már.* Poison-de serpent.

آمادن   *ámadan.*

باد   *bád.*

حجامت   *hadjâmat.*

شكم   *chèkiam.*

Ver.	Worm.
Verdure.	Verdure, green.
Vérifier.	To verify.
Vérité.	Truth.
Vermeil, adj.	Vermilion.
Vermeil, subs.	Silver gilt.
Vermicelle.	Vermicelli.
Vernir.	To varnish.
Verre (à vitre).	Glass.
Verre (à boire).	Glass.
Verrou.	Bolt.
Vers, prép.	To, towards.
Vers, subst.	Verses, poetry.
Verser.	To pour.
Verser (voiture).	To be upset.
Vert, te.	Green.
Vertueux, se.	Virtuous.
Vestibule.	Entrance-hall, vestibule.
Vêtement.	Clothes, dress.
Vêtir.	To dress.
Vêtir (Se).	To dress.
Veuf, veuve.	Widower, widow.
Viande.	Meat.

کرم	*kièrm.*
سبزه	*çabza.*
تحقیق کردن	*tahguíg kiardan.* Vérification faire.
حقیقت — راستی	*haguígat; râçtí.*
سرخ — قرمز	*çorkh; guermèz.*
نقره مطلا	*nogrèyè motallá.* Argent doré.
رشته فرنگی	*richtèyè farangí.* Fil européen.
روغن زدن	*róoughan zadan.* Vernis frapper.
شیشه	*chícha.*
گلاس — استکان	*yeláç; èçtèkiân.*
قفل	*gofl.*
نزد — طرف	*nazdè; tarafè.*
شعر	*chèèr.*
ریختن	*ríkhtan.*
افتادن	*oftâdan.*
سبز	*çabz.*
صالح — نیکوکار	*çâlèh; níkioûkiâr.*
کفش کن	*kiafch-kian.* Chaussure-enlève.
رخت — لباس	*rakht; lèbâç.*
پوشاندن	*poûchândan.*
رخت (لباس ou) پوشیدن	*rakht* ou: *lèbâç poûchídan.* Vêtement revêtir.
بیوه	*bîva.*
گوشت	*gioûcht*

Victoire. — Victory.

Victorieux, se. — Victorious.

Vide. — Empty.

Vider. — To empty.

Vider (un animal). — To draw.

Vie. — Life.

Vieillard. — Old-man.

Vieux, vieille. — Old.

Vif (1º vivant; 2º remuant). — 1º Alive. 2º Quick.

Violon. — Violin.

Vilain. — Ugly, plain.

Vilebrequin. — Drill.

Village. — Village.

Ville. — Town, city.

Vin. — Wine.

Vinaigre. — Vinegar.

Violence. — Violence.

Violet. — Violet.

Violette. — Violet.

Vis. — Screw.

Visage. — Face.

Vis à vis. — Opposite.

Visiter. — To pay a visit, to call.

Visser. — To screw.

غلبه	*ghalaba.*
غالب	*ghâlèb.*
خالى	*khâli.*
خالى كردن	*khâli kiardan.* Vide faire.
پاك كردن	*pâk kiardan.* Propre faire.
زندگانى — حيات — عمر	*zèndègiâni ; hayât ; omr.*
پير مرد	*pir mard.* Vieux homme.
پير — كهنه	*pir* (personnes) ; *kiohna* (choses).
زنده — چابك	1° *zènda* ; 2° *tchabok.*
كماذچه	*kiamântcha.*
خبيث — قبيح	*khabíç ; gabíh.*
منقب	*mèçgab.*
ده	*dèh.*
شهر	*chahr.*
شراب	*charâb.*
سركه	*çèrkia.*
جبر	*djabr.*
بنفش — كبوت	*banafch ; kiaboût.*
بنفشه	*banafcha.*
پيچ	*pítch.*
رو	*roû.*
برابر	*barâbar.*
پيش .... رفتن - ملاقات كردن	*píchè .... raftan.* Chez .... aller ; *molâgât kiardan.* Visite faire.
پيچ كردن	*pítch kiardan.* Vis faire.

Vite.	Quick.
Vitesse.	Speed.
Vitre.	Window-glass.
Vitrier.	Glazier.
Vivant, e.	Living.
Vivre.	To live.
Voici, voilà.	Here is; there is.
Voile, s. m.	Veil.
Voile, s. f.	Sail.
Voir.	To see.
Voisin.	Neighbour.
Voiture.	Carriage.
Voix.	Voice.
Vol (larcin).	Theft.
Volaille.	Poultry, fowl.
Voler (dérober).	To steal.
Voler (Oiseau).	To fly.
Voleur.	Thief.
Volonté.	Will.
Volontiers.	Willingly.
Vomir	To spew.
Vouloir.	To will, to wish.
Voyage.	Journey.
Voyager.	To travel.
Voyageur.	Traveller.

زود	*zoûd.*
زودی	*zoûdî.*
شیشه	*chîcha.*
شیشه بر	*chîcha-bor.* Vitre-coupe.
زنده	*zènda.*
زندگانی کردن	*zèndègânî kiardan.* Vie faire.
اینك	*înak.*
نقاب — چادر	*nègâb; tchâdèr.*
چادر	*tchâdèr.*
دیدن	*dîdan.*
جار	*djâr.*
عربه — كالسكه	*araba* (vulg. *arrâda*); *kâlèçkia.*
صدا — آواز	*çèdâ; âvâz.*
دزدی	*dozdî.*
مرغ	*morgh.*
دزدیدن	*dozdîdan.*
پریدن	*parîdan.*
دزد	*dozd.*
خواهش — مشیت	*khâhèch; machèyyat.*
در كمال میل	*dar kiamâlè mêil.* En perfection-de désir
قیی کردن	*guêi kiardan.* Vomissement faire.
خواستن	*khâçtan.*
سفر	*çafar.*
سفر کردن	*çafar kiardan.*
سافر — مسافر	*çâfèr; moçâfèr.*

Vrai, e.	True.
Vraiment.	Really.
Vue.	Sight.

Z.

Zénith.	Zenith.
Zéro.	Naught.
Zinc.	Zinc.
Zodiaque.	Zodiac.

راست — صحیح   *ráçt; çáhíh.*

حقیقةً — والله   *haguígatan; valláh.*

دیدار   *didár.*

سمت الرأس   *çèmtèrráç.*

هیچ   *hítch.*

روح   *roúh.*

بروج   *boroúdj.*

Appendice A.

Je vais *à* Paris.	I am going to Paris.
Ce livre est *à* moi.	This book is mine.
Je demeure *à* Téhéran.	Il live in Teheran.
Je cherche un *abri* (un refuge) auprès de vous.	I come to you for assistance.
Quel *âge* avez-vous?	How old are you?
Quel *âge* avez-vous?	How old are you?
Cet homme a un visage *déplaisant*.	This man has an unpleasant face.
L'*air* est chaud.	The air is hot.
Cet *air* (chant) est agréable.	This song is nice.
Il a l'*air* d'être malade.	He seems to be ill.
J'ai *aperçu* un loup.	I perceived a wolf.
Ce lion m'*appartient*.	This book belongs to me.
Apprends ta leçon.	Learn your lesson.

ذیل اوّل — *zêîlè avval.* Appendice premier.

من بپاریز میروم — *man bè-Pâríz míravam.* Moi à Paris je-vais.

این کتاب مال من است — *ín kiètâb mâlè man açt.* Ce livre bien-de moi est.

من در طهران منزل دارم — *man dar Tèhrân manzèl dâram* Moi dans Téhéran logement j'ai.

پیش شما پناه آوردم — *píchè chomâ pènâh âvordam.* Chez vous abri (refuge) j'ai-apporté.

سنّ شما چه چیز است — *çennè chomâ tchè tchíz açt.* Age-de vous quelle chose est?

شما چند سال دارید — *chomâ tchand çâl dâríd.* Vous combien année vous-avez?

این مرد روی ترش دارد — *ín mard roûyè torch dârad.* Cet homme visage aigre a.

هوا گرم است — *havâ giarm açt.* Air chaud est.

این آوازه خوشم میباید — *ín âvâza khoch-am míyâyad* (ou *miyâd*). Cet air agréable à moi vient (= me plait).

مینماید که ناخوش است — *mínemâyad kiè nâkhoch âçt.* Il paraît que malade il est.

گرگی بنظرم آمد — *giorgí bè-nazar-am âmad.* Un Loup à-regard-de-moi est-venu.

این کتاب مال من است — *ín kiètâb mâlè man açt.* Ce livre bien-de moi est.

درسترا بخوان — *darçat-râ bekhân.* Leçon-de-toi lis.

J'*apprends* l'anglais.	I learn the english language.
J'ai *appris* que vous êtes venu.	I heard you came.
Ne m'*arrêtez* pas.	Don't stop me.
On a *arrêté* cet homme.	This man was taken to prison.
Une pierre m'a *atteint*.	A stone hit me.
Il a *atteint* ce village.	He reached that village.
Je vous *attends*.	I am waiting for you.
Certaines personnes disent.	Some people say.
J'en suis *certain*.	I am positive of it.
C'est *certain*.	It is certain.
Je *crois* qu'il viendra.	I think he will come.
Je ne *crois* pas cela.	I don't believe that.
Vous voilà *déjà* revenu!	Already come back!

زبان انگلیسی‌را یاد میکپیرم

zabáné inglíçi-rá yád migíram. Langue anglaise mémoire je-prends.

شنیدم که شما آمده اید

chenídam kiè chomá ámadèíd. J'ai-entendu que vous êtъs-venu.

مرا باز ندارید

mará báz nadárid. Moi en arrière non-tenez.

فلان مرد را حبس کردند

folân mard-rá habç kiardand. Tel homme arrestation ils-ont-fait.

سنگی بمن زد (خورد ou)

çangí bè-man zad (ou: *khord*). Une pierre à-moi a-frappé (ou: mangé = a mordu sur moi).

بفلان ده رسید

bè-folán dèh raçíd. A-tel village il-est-arrivé.

شمارا صبر میکنم – منتظر (معطّل ou) شما ام

chomá-rá çabr míkionam. Vous attente (litt. patience) je-fais; *montazèrè* (ou: *moattalè*) *chomá am.* Attendant (ou: vacant pour) vous je suis.

بعضی میگویند

baazí migiodyand. Certains disent.

یقین دارم

yaguín dáram. Certitude j'ai.

بی گمان است

bí giomán açt. Sans doute est.

گمان دارم (میپندارم ou) که خواهد امد

giomán dáram (ou: *mípandáram*) *kiè kháhad ámdd.* Opinion j'ai (ou: je présume) que il-viendra.

این باور نمیکنم (ندارم ou)

ín-rá bávar namíkionam (ou: *naddram*). Ceci croyance non je-fais (ou: j'ai).

شما باین زودی باز آمدید

chomá bè-ín zoúdí báz-ámadíd. Vous avec-cette vitesse êtes-revenu.

Etes-vous *déjà* allé dans cet endroit?	Have you been already in such and such place?
Je *dois* partir demain.	I must go to morrow.
J'ai *dû* faire ainsi.	I was bound to do so.
Le roi, la reine, le fou, le cavalier, la tour, le pion (au jeu d'échecs).	King, queen, bishop, knight, rook, pawn.
Echec!	Check!
Mat!	Mate!
Donnez m'en *encore*.	Give me some more.
Il n'est pas *encore* venu.	He is not yet come.
Je me suis *endormi*.	I fell asleep.
Eteinds la lampe.	Put out the lamp.
C'est une chose *étonnante*.	It is an astonishing thing.
C'est *étonnant*.	It is astonishing.
Tu joues de la *flûte* (signifie en persan: tu dis du sottises).	You play on the flute (means in persian: you tell nonsense).
Je jure que.	I swear.

شما پیش از این فلان جا هیچ رفته اید

chomá pích az ín folán djá hítch raftè-íd. Vous avant de ceci tel endroit aucunement êtes-allé?

فردا باید بروم

fardá báyad beravam. Demain il-faut que-je-parte.

لابد شدم که چنین بکنم

lábout chodam kiè tchènín bъ-kionam. Forcé je-suis-devenu que ainsi je-fasse.

شاه - وزیر - فیل - اسب - رخ - پیاده

cháh; vazír (ministre); *fíl* (éléphant); *açp* (cheval); *rokh piyáda* (piéton).

کیش

kích!

مات

mát.

شما از این به من بازهم بدهید

chomá az ín bè-man bázham bèdèhíd. Vous de ceci à-moi encore donnez.

هنوز نیامده است

hanúíz nayámada-çt. Encore non-il-est-venu.

خوابم برد

kháb-am bord. Sommeil-moi a-emporté.

چراغرا بکش

tchèrágh-rá bekioch. Lampe tue.

غریب (عجب ou) چیزیست

gharíb (ou: *adjab*) *tchízí-çt*. Etonnante (ou: étonnement) une chose (c')est.

نعجّب است

taaldjob açt. Etonnement est (il y a).

زرنا میزنی

zorná mizaní. Flûte tu frappes.

قسم (سوگند ou) میخورم که - قسم است که

gaçam (ou: *çóougiand*) *míkho-ram kiè*. Serment je-mange que; *gaçam açt kiè*. Serment est (il y a) que.

Il me fait *mal*.	He hurts me.
Cette chose me fait *mal*.	This thing does note agree with me.
J'ai *mal* aux dents.	I have a tooth-ache.
Je le ferai moi-*même*.	I shall do it myself.
C'est cela *même*.	That is the very thing.
Comment vous *nommez*-vous?	What is your name?
Comment vous *nomme*-t-on?	What do they call you?
Comment *nomme*-t-on telle et telle chose?	What do you call such und such thing?
J'ai passé *par* ce chemin.	I went this way.
Trois jours *par* semaine.	Three days a week.
Un franc *par* mètre.	One franc a yard.
Payez-moi.	Pay me.
J'ai *payé* ma dette.	I paid what I owed.
A quoi *pensez*-vous?	What about are you thinking?
Pensez-vous que ce soit vrai?	Do you think (or: do you believe) it is true?

بمن درد میکنند ou مرا اذیت میکنند

bè-man dard mîkionad. A-moi mal il-fait; *mard aziyat mikionad.* Moi tourment il-fait.

این چیز بمن ضرر میکند

in tchîz bè-man zarar mîkionad. Cette chose à moi mal fait.

دندان من درد میکند

dandânè-'man dard mîkionad. Dents de moi mal fait.

من این را خودم خواهم کرد

man în-râ khodam khâham kiard. Ceci même-moi je-ferai.

همین است

ham-în açt. Même-cela (c')est.

اسم شما چیست — شما چه اسم دارید

èçmè chomâ tchîçt. Nom-de vous quoi est? — *chomâ tchè èçm dârid.* Vous quel nom avez?

شما را چه طور مینامند

chomâ-râ tchè tôour mînâmand. Vous quelle façon ils-nomment?

فلان چیز را چه طور میگویند

folân tchîz-râ tchè tôour migionyand. Telle chose quelle façon ils-disent?

از این راه گذشتم

az în râh giozachtam. De ce chemin j'ai-passé.

هفتهٔ سه روز

haftèï çè rôuz. Une semaine trois jours.

ذرعی یک قران

zar'î yèk grân. Une coudée un franc.

پولمرا بدهید

poul-am-râ bèdèhîd. Argent-de moi donnez.

قرضمرا ادا کردم

garz-am-râ èdâ kiardam. Dette de moi payement j'ai-fait.

شما از چه چیز فکر میکنید

chomâ az tchè tchîz fèkr mîkionîd. Vous de quelle chose pensée vous-faites?

ایا گمان دارید که راست است

âyâ giomân dârîd kiè râçt açt. Est-ce que opinion vous-avez que vrai est?

Comment vous *portez*-vous ?	How are you? How do you do?
Cette chose ne me *plait* pas.	This thing does not please me.
Cette chose ne me *plait* pas.	This thing does not please me.
Puissé-je vous servir de *rançon* ! (Formule initiale des lettres en persan).	May I be your ransom !
J'ai *reçu* votre lettre.	I received your letter.
J'ai *reçu* votre lettre.	I received your letter.
Il ne m'en souvient pas.	I don 't remember that.
Si vous le désirez.	If you will.
Je ne sais pas *si* un tel viendra.	I don 't know wether so and so will come or not.
Tout le jour.	During the whole day.
Tous les jours.	Every day.

Appendice B.

Appendice B.

Mois solaires.	*Solar Months.*
Janvier.	January.

1) Les noms des mois, solaires et lunaires, sont empruntés à l'arabe.

احوال شما چه طور است

ahvâlè chomâ tchè tôour açt.
Etat-de vous quelle façon
est ?

من فلان چیزرا نمیپسندم

*man folân tchîz-râ namîpaçan-
dam.* Moi telle chose non-
j'approuve.

فلان چیز خوشم نمیاید

felân tchîz khoch-am namîâyad
(par contract. *namîâd*). Telle
chose agréable-à-moi non-
vient.

فدایت شوم

fèdây-at chavam. Rançon-de-toi
que-je-devienne !

کاغذ شمارا گرفتم

kâghazè chomârâ gièrèftam.
Lettre-de vous j'ai-pris.

کاغذ شما بمن رسید

kâghazè choma bè-man raçîd.
Lettre de vous à-moi est-ar-
rivée.

یادم نمیاید

yâd-am namîâyad (par contr.
namîâd). Mémoire-à-moi non-
vient.

اگر بخواهید

agiar bekhâhîd. Si que-vous-
désiriez.

نمیدانم که فلان کس
خواهد آمد یا نه

*namîdânam kiè folân kiaç khâ-
had âmad yâ na.* Non-je
sais que telle personne vien-
dra ou non.

همه روز

hama roûz.

هر روز

har roûz.

نیل دوّم

zèîlè doyyom. Appendice deuxième.

ماههای شمسیه

mâhhâyè champçiyya [1]).

کانون ثانی

kânoûnè çânî (kânoûn 2e).

Février.	February.
Mars.	March.
Avril.	April.
Mai.	May.
Juin.	June.
Juillet.	July.
Août.	August.
Septembre.	Septembre.
Octobre.	October.
Novembre.	November.
Décembre.	December.

Mois lunaires.	*Lunar Months.*
Janvier.	January.
Février.	February.
Mars.	March.
Avril.	April.
Mai.	May.
Juin.	June.
Juillet.	July.
Août.	August.
Septembre.	September.
Octobre.	October.

شباط — chabât.

آذار — مارت — âzâr; mârt.

نيسان — nîçân.

آيار — مايس — âyâr; mâïç.

حزيران — hazîrân.

تموز — tamoûz.

آب — اقوستوس — âb; agouçtouç.

ايلول — ëïloûl.

تشرين اوّل — tèchrînè avval (tèchrîn 1er).

تشرين ثانى — tèchrînè çânî (tèchrîn 2e).

كانون اوّل — kidnoûnè avval (kidnoûn 1er).

———

ماههاى قمربه — mâhhâyè gamariyya.

ربيع الثّانى — rabi aç-çânî (rabi 2e).

جمادى الاوّل — djomâdî-al-avval (djomâdî 1er).

جمادى الثّانى — djomâdî-aç-çânî (djomâdî 2e).

رجب — radjab.

شعبان — chaabân.

رمضان — ramazân.

شوال — chavvâl.

ذى القعده — zî-l-gaada.

ذى احجّه — zî-l-hiddja.

محرم — moharram.

Novembre.	November.
Décembre ¹).	December.

Monnaies.	Coins.
Sou.	Half-penny.
Franc.	Ten pence.
Dix francs.	Eight shillings.

Mesures.	Measures.
Parasange (à peu près 5 kilo-mètres)	Parasange (about three miles).
Un mètre et quatre centimètres.	Yard.
Un pouce.	Inch.

Poids.	Weights.
4 grammes.	About $2^1/_4$ drams.
64 grammes.	About 36 drams.
540 grammes.	About 1 pound.
2 kilos 560 grammes.	About 5 pounds.

1) On trouvera les noms des jours de la semaine dans le vocabulaire.

2) Mot à mot: mille dînârs. Le dînâr est une monnaie fictive.

صفر ṣafar.

ربيع الاوّل rabí al-avval (rabí 1er).

—— ——

پول رايج poûlè ráyèdj. Monnaie courante.

شاهى châhí.

قران ــ صاحب قران ــ هزار grán ou çáp-grán (pour çâhèb-
دينار ــ هزار   grán); hèzár dínár 2); hèzár.

نومان toûmán.

—— ——

اسماء القياس açmáol-guèyáç.

فرسخ farçakh.

ذرع zar'.

وجب vadjab.

—— ——

اسماء الوزن açmáol-vazn.

منثقال mèçgál.

سير çír.

جرك tchèrèk.

من ــ بتمن man; batman.

Dialogues entre un précepteur et son élève.

I.

Pr. Comment! Vous n'êtes pas encore levé! Vous êtes vraiment bien paresseux.

E. Excusez-moi, hier soir je me suis couché tard aussi étais-je très-fatigué.

Pr. Pourquoi vous êtes vous couché tard ?

E. J'avais à appendre ma leçon.

Pr. Bien. Mais levez-vous vite maintenant.

Dialogues between a tutor and his pupil.

I.

Now then! Still in bed! What a leazy boy you are.

Excuse me, last night I went late to bed so that I was very tired.

Why did you go late to bed?

I had to learn my lesson.

All right. But be quick and get up now.

1) Cette formule, qui est en arabe, s'emploie ici ironiquement.

مكالمه فىما بين للهٔ و شاگردش

mokiálama fi-mábêin lalèyí o chágièrdach. Dialogue entre un précepteur et élève-de-lui.

مكالمهٔ اوّل

mokiálamèyè avval. Dialogue premier.

ماشناء اللّه هنوز پا نشديد شما حقيقةً خيلى تنبل هسيد

máchállláh hanoúz pá nachodíd chomá haguigatan khêîlè tambal haçtíd. Ce-qu'il-plaît-à-Dieu [2]) encore (sur) pied non-êtes devenu vous vraiment très paressseux êtes.

بباخشيد ديشب برخت خواب دير رفتم از اين جهت خيلى خسنه بودَم

bebakhchíd díchab bè-rakhtè kháb dír rajtam az ín djahat khêîlè khaçta boúdam. Pardonnez hier-soir à vêtement-de sommeil (= lit) tard j'ai-été par cette cause très fatigué j'étais.

شما برخت خواب چرا دير رفتيد

chomá bè-rakhtè kháb tchará dír raftíd. Vous à vêtement-de sommeil (lit) pourquoi tard êtes-allé?

درسمرا بايست ياد بگيرم

darç-am-rá báíçt yád begíram. Leçon-de-moi il-fallait mémoire que-je-prenne.

خوب امّا حالا زود زود پا شويد

khoúb ammá hálá zoúd zoúd pá chavíd. Bien mais maintenant vite vite (sur) pied devenez.

E. Cher précepteur, voulez-vous me donner me habits, s'il vous plaît. — Dear tutor, will you kindly give me my clothes.

Pr. Où sont vos habits? — Where are your clothes?

E. Ils sont sur la chaise. — On that chair.

Pr. Voici votre caleçon, votre pantalon, votre gilet et votre jaquette; mais je ne trouve ni vos chaussettes ni vos pantoufles. — Here are your drawers, your trousers, your waistcoat and your coat; but I can't find either your socks or your slippers.

E. Elles sont sous mon lit. — They are under my bed.

Pr. Maintenant il faut vous laver et vous peigner. — Now you must wash and comb your hair.

E. C'est fait. Allons prendre le café. — That is done, Let us go and have our coffee.

II.

Pr. Domestique, apporte le café. — Waiter, bring the coffee.

Pr. Voilé le café prêt; mettez du sucre dans votre tasse. — Coffee is ready; put some suggar in your cup.

للهٔ عزیزا زحمت کشیده لباسمرا بمن بدهید

lalèyè azízá zahmat kiachida lèbâç-am-ra bè-man bèdèhîd. Précepteur cher peine ayant-tiré habits-de-moi à moi donnez.

رخت شما کو

rakhtè chomá kioú. Habits-de vous où ?

روی صندلی

roúyè çandalí. Sur chaise

اینک زیرجامه وشالوار وزیلتنکه وکولیجهٔ شما ولاکن جوراب وپاپوش شما را پیدا نمیکنم

ínak zírdjáma o châlvâr o jílètkia o kioulèdjèyè chomâ valákièn djoúráb o pá-poúchè chomá-rá pëïdá namíkionam. Voici caleçon et pantalon et gilet et jaquette de vous mais chaussettes et pantoufle de vous manifeste non-je-fais.

زیر رخت خواب من اند

zírè rakhtè khábè man and. Sous vêtement-de sommeil-de moi sont.

حالا باید خودتانرا بشورید وشانه کنید

hálá báyad khodètân-rá bechoúríd o chána kioníd. Maintenant il-faut vous-même que-vous-laviez et peigne que-vous-fassiez.

تمام شد برویم وقهوه بخوریم

tamâm chod beravím o gahva bekhorím. Fin est-devenu allons et café mangeons.

مكالمهٔ دوّم

mokiálamèyè doyyom. Dialogue second.

نوکر قهوه بیار

nôoukiar gahva biyár. Domestique café apporte.

قهوه حاضر اسن قند توی فنجان خود بریزید

gahva házèr açt gand toúyè fèndjánè khod berízíd. Caffé prêt est sucre dans tasse-de soi versez.

Pr. Voulez-vous du lait et du beurre?

Will you have some milk und butter ?

E. Donnez m'en un peu, s'il vous plaît, avec du pain.

A little, please, with bred.

Pr. Dépêchez-vous; il est neuf heures; il faut que vous preniez votre leçon.

Be quick; it is nine now and you must take your lesson.

E. Je crois que votre montre avance; il est seulement neuf heures moins dix minutes.

I believe your watch is fast; it is only ten minutes to nine.

Pr. C'est vrai. Il faudra que j'envoie ma montre chez l'horloger pour qu'il la règle.

You are right. I shall send my watch to the watchmaker to have it settled.

E. Votre montre vous a-t-elle coûté cher ?

Is your watch an expensive one?

Pr. Oui, je l'ai payée trois cents francs.

Yes, I gave three hundred francs for it.

E. Elle est à meilleur marché que la mienne; car la mienne a coûté quatre cent francs.

It is cheaper than mine, since mine cost four hundred francs.

شير و كره ميخواهيد يا نه

chír o kiara míkháhíd yá na.
Lait et beurre vous-voulez
ou non?

التفات نموده قدرى بمن
بدهيد ونان هم بدهيد

*èltèfát nemoúda gadrí bè-man
bèdèhíd o nán ham bèdè-
híd.* Attention-bienveillante
ayant-montré un-peu à-moi
donnez et pain aussi donnez.

زود باشيد حالا ساعت نه
است بايد درستانرا
بخوانيد

*zoúd báchíd hálá çáatè noh açt
báyad darçetân-ra bekháníd.*
Vite soyez maintenant heure
neuf est il-faut leçon-de-vous
que-vous-récitiez.

بنده كمان دارم كه ساعت
شما تند است ساعت
نه كم ده دقيقه است
بيشتر نه

*banda giomán dáram kiè çáatè
chomá tond açt çáatè noh
kiam dah daguíga-çt bíchtar
na.* Moi opinion j'ai que
montre-de vous rapide est
heure neuf moins dix mi-
nute est plus non.

راست است ساعتمرا پيش
ساعتچى خواهم فرستاد
تا درستنش كند

*ráçt açt çáatam-rá píchè çáat-
tchí khâham jerèçtád tâ do-
roçt-ach kionad.* Vrai est montre-de-moi chez horloger j'en-
verrai afin-que en-bon-état-elle
il-fasse.

ساعت شما ايا گران است

çáatè chomá áyá gièrán açt.
Montre-de vous est-ce-que
chère est?

بلى سى تومان برايش
دادم

*bálè çí toúmán bèráyach dá-
dam.* Oui trente toman pour
elle j'ai-donné.

از ساعت من ارزانتر است
چونكه ساعتم چهل تومان
ميارزد

*az çáatè man arzántar açt
tchoúnkiè çáatam tchèhèl
toúmán míarzad.* Que mon-
tre-de moi plus-à-bon-mar-
ché est car montre-de-moi
quarante toman coûte.

14

Pr. Aussi la vôtre marche-t-elle mieux. Mais c'est-assez causer; venez prendre votre leçon.

That is the reason why your's is better that mine. But we have talked quite long enough; come and take your lesson.

III.

Pr. Prenez tout ce dont vous avez besoin.

Take every thing that is required.

E. Je vais apporter de suite mon livre, mon papier, ma plume mon écritoire et mon canif.

I shall bring directly my book, some paper, my pen, my inkstand and my penknife.

Pr. N'oubliez pas votre transparent.

Don't forget your lines.

E. Je suis prêt.

I am ready.

Pr. Commençons donc.

Then let us begin.

Pr. Ecrivez d'abord.

Write first.

E. Mon encre est trop épaisse.

My ink is too thick.

Pr. Versez-y un peu d'eau.

Pour in some water.

E. A présent je peux écrire.

I can write now.

E. Que dois-je faire?

What shall I do?

از این جهت ساعت شما از ساعت من بهتر کار میکند اما صحبت ما طول کشید بیائید ودرستان را بخوانید

az ìn djahat çâatè chomâ az çâatè man bèhtar kiâr mì-kionad ammâ çohbatè mâ toûl kachìd biydyìd o darçètân-râ bekhânìd Par cette cause montre-de vous que montre-de moi mieux travail fait mais conversation-de nous longueur a-tiré venez et leçon-de vous récitez.

مكالمهٔ سيّوم

mokiâlamèyè çèyyom. Dialogue troisième.

هر چیز که لازم داشته باشید بیاورید

har tchìzè kiè lâzèm dâchta bâchìd biydvarìd (par contr. *biydrìa*). Toute chose que nécessaire vous-ayez apportez.

بنده کتاب وکاغذ وقلم و قلمدان وقلمتراش خود الآن میاورم

banda kiètâb o kiâghaz o galam o galamdân o galam-tarâchè khod al'ân mìâvaram Moi livre et papier et plume et écritoire et canif-de soi de-suite j'apporte.

مسطر خود فراموش نكنيد

maçtarè khod farâmoûch nakio-nìd. Transparent-de soi oubli non-faites.

حاضر ام

hâzèr am. Prêt je-suis.

پس شروع کنیم

paç chouroû kionìm. Donc commencement faisons.

اوّل بنويسيد

avval benevìçìd. D'abord écrivez.

مرکب من پر غلیظ است

morakkiabè man por ghalìz açt. Encre-de moi trop épaisse est.

قدری آب توش بریزید

gadrì âb toûch berìzìd. Un peu eau dans-elle versez.

حالا میتوانم بنويسم

hâlâ mìtavânam benevìçam. Maintenant je-peux que-j'écrive.

چه چیز باید کرد

tchè tchìz bâyad kiard. Quelle chose il-faut faire?

Pr. Ecrivez deux pages d'exercices. | Write two pages for practice.

E. C'est très-ennuyeux. | It is very tedious.

Pr. Cela ne fait rien: faites ce que je vous dis. | No matter: do what you are told to.

E. Qu'arrivera-t-il si je ne le veux pas? | What will happen if I will not?

Pr. Alors, je vous punirai. | You shall be punished then.

E. Grâce! Je ne le ferai plus. | Mercy! I shall not do it again.

Pr. Maintenant que vous voilà devenu raisonnable, écrivez. | Since you get more sensible, write now.

Pr. Ce n'est pas mal; vous avez fait des progrès. Récitez par cœur votre leçon. | Not bad; you have made progress. Now then, tell your lesson by heart.

Pr. Vous ne savez pas votre leçon. Je crois que vous m'avez menti et que vous ne l'avez pas apprise par cœur. | You don't know your lesson. I believe you told a lie; I don't think you learnt your lesson by heart.

1) Bâton pourvu d'une corde. On attache à ce bâton les jambes du patient et on lui frappe la plante des pieds.

دو صاحیفهٔ مشق بنویسید

do çahîfèyè machg benevíçid.
Deux page-de exercice écrivez.

خیلی بی مزه است

khêîlè bi-maza-çt. Très sans-goût est.

عیب ندارد آن چه گفتم بکنید باید بکنید

êïb nadárad án tchè gioftam bekioníd bâyad bekioníd. Dé-faut non-a ce que j'ai-dit faites il-faut que-vous fassiez.

اگر نخواهم چه خواهد شد

agiar nakháham tchè kháhad chod. Si non-que-je-veuille quoi deviendra ?

آن وقت شما را فلکه میزنم

án vakht chomá-rá falakkia mízanam. Ce temps vous fa-lakkia ¹) je-frappe.

امان غلط خوردم

amán ghalat khordam. Grâce faute j'ai-mangé.

حالا که عاقل شدید بنویسید

hálá kiè águèl chodíd benevíçid. Maintenant que raison-nable vous-êtes-devenu écri-vez.

بد نیست شما ترقی کردید حالا درس خود را از بر بخوانید

bad ní-çt chomá taragguí kiar-díd hálá darçè khod-rá az bar bekhánid. Mal non-est progrès avez-fait maintenant leçon-de soi de poitrine ré-citez.

شما درس خود را نمیدانید اعتقادم این است که شما دروغ گفتید ودرس خود را هیچ حفظ نکردید

chomá darçè khod-rá namídá-níd ètègád-am ín açt kiè chomá deroûgh gioftíd o darçè khod-rá hîtch hèçç nakiar-díd. Vous leçon-de soi non-savez croyance-de moi ceci est que vous mensonge avez-dit et leçon-de soi aucune-ment apprendre-par-cœur non-avez-fait.

E. Je vous assure que j'ai dit vrai; mais ma leçon était difficile.

I assure you I told the truth; but my lesson was difficult.

Pr. Allons! J'espère que demain vous travaillerez mieux.

Well! I hope to morrow you will do your work better than to day.

E. Je vous le promets.

I promise it to you.

Pr. Il est maintenant dix heures et demie. Allons nous promener.

It is half past ten now. Let us go and take a walk.

IV.

IV.

E. Où irons-nous?

Where shall we go?

Pr. Si vous le voulez, nous irons au jardin.

If you will, we shall go to the garden.

E. Que ce serait agréable de monter à cheval!

How pleasant it would be to have a ride.

Pr. Ce sera pour l'après-midi.

We shall do it in the after noon.

E. Dans ce cas je préfère aller au bazar.

Then I prefer to go to the bazar.

1) Littéralement "par dieu", expression arabe.

والله که راست گفتم اما درس من مشکل بود

vallâh kiè râçt gioftam ammâ darçè man mochkièl boûd. Vraiment [1]) que vrai j'ai-dit mais leçon-de moi difficile était.

خوب امیدوار ام که فردا بهتر از این کار خواهید کرد

khoûb omîdvâr am kiè fardâ bèhtar az în kiâr khâhîd kiard. Bien espérant je-suis que demain mieux que ceci travail vous-ferez.

بشما وعده است که چنین خواهد شد

bè-chomâ vaada-çt kiè tchènîn khâhad chod. A-vous promesse-est que ainsi sera.

حالا ساعت ده و نیم است بگردش برویم

hâlâ çâatè dah o nîm açt bè-giardèch beravîm. Maintenant heure dix et demie est à-promenade allons.

مکالمهٔ چهارم

mokiâlamèyè tchahârom. Dialogue quatrième.

کجا خواهیم رفت

kiodjâ khâhîm raft. Où nous-irons?

اگر راضی باشید بباغ خواهیم رفت

agiar râzî bâchîd bè-bâgh khâhîm raft. Si satisfait vous-êtes à-jardin nous-irons.

چه خوش بود اگر سوار میشدیم

tchè khoch boûd agiar çavâr mîchodîm. Que agréable était si cavalier nous-devenions.

بعد از ظهر سوار خواهیم شد

baad as zohr çavâr khâhîm chod. Après de midi cavalier nous-deviendrons.

در این صورت من دوستتر دارم ببازار بروم

dar în çoûrat doûçtar dâram bè-bâzâr beravam. Dans ce cas plus-ami j'ai à bazar que-j'aille.

Pr. Vous voulez encore dépen-
ser de l'argent.

I see you want to spend more money.

E. Peut-être, si vous ne me le défendez pas.

Perhaps so, if you allow it to me.

Pr. Je vous le permets, à moins que vous n'achetiez quelque chose d'inutile.

I allow it to you, provided you don't buy useless things.

E. N'ayez pas peur, j'achèterai de l'étoffe, un chapeau, des gants et des chaussures.

No fear, I shall buy some cloth-ware, a hat, some gloves a and some shoes.

Pr. Nous voici arrivés à la boutique.

Here is the shop.

Pr. Quelle espèce d'étoffe voulez-vous ?

What kind of stuff do you want?

E. J'ai besoin de drap.

I want cloth.

Pr. De quelle couleur le voulez-vous ?

What colour do you want?

E. Que le marchand me montre tout ce qu'il a, je choisirai ce qui me plaira

Let the shop-keeper show me every kind he has; I shall choose what I like.

شما البته میخواهید پول
خرج کنید

chomá albatta míkháhíd poúl khardj kíoníd. Vous certainement voulez argent dépense que-vous-fassiez.

بلكه چنين باشد اگر شما
مرا منع نكنيد

balkia tchènín báchad agiar chomá mará man' nakíoníd. Peut-être ainsi qu'il soit si vous moi défense non-que-vous-fassiez.

بشما اذن میدهم مگر
این كه شما چیزهای
بی فایده بخرید

bè-chomá èzn mídaham magiar ín kiè chomá tchízháyè bí-fáida bekharíd. A vous permission je donne excepté ceci que choses sans-utilité vous-achetiez.

هیچ نترسید بنده قماش
و كلاه و دستكش و
كفش خواهم خرید

hítch natarçíd banda gomách o kioláh o daçtkiach o kiafch kháham kharíd. Aucunement non-craigniez moi étoffe et chapeau et gant et chaussure achèterai.

بدكان رسیده ام

bè-dokkián raçídè-ím. A boutique nous-sommes-arrivés.

چه جنس قماش
میخواهید

tchè djènç gomách míkháhíd. Quelle espèce étoffe vous-voulez?

ماهوت لازم دارم

máhoút lázèm dáram. Drap nécessaire j'ai.

چه رنك باشد

tchè rang báchad. Quelle couleur ce-soit?

تاجر هر چیزی كه داشته
باشد بمن نشان بدهد
هر كدام جنس خوشم
بیاید میگیرم

tádjèr har tchízí kiè dachta báchad bè-man nèchán bedahad har kíodám djènç khoch-am biyáyad (par contr. biyád) mígíram. Marchand toute chose que ayant-eu il-soit à-moi marque qu'il-donne toute quelle espèce agréable-à-moi qu'elle-vienne je-prends.

Pr. Voici une pièce qui me paraît bonne. Je vais en demander le prix.

That piece seems very nice. I shall ask how much it costs.

Pr. Elle coûte cinq francs le mètre.

It costs five francs a yard.

E. Elle me plaît; je vais la payer de suite.

It pleases me; so I shall pay for it at once.

Pr. Il est midi moins un quart; nous n'avons pas le temps d'acheter aucun autre objet. Il faut que nous rentrions à la maison pour déjeuner.

It is a quarter to twelve; we shall not have time to buy any thing else: we must go home for luncheon.

V.

V.

Pr. Asseyez-vous à côté de moi. — Avez-vous faim?

Sit down by me. — Are you hungry?

E. Oui, j'ai très-faim et très soif.

Yes, I am very hungry und thirsty.

Pr. Que désirez-vous? Nous avons du pilau et du rôti de mouton.

What will you have? Pilaw or roast mutton?

E. Je mangerai de tout.

I shall have both.

فلان توب بمن خوب مينمايد قيمتنشرا ميپرسم

felÁn toÛp bè-man khoÛb mí-nemÁyad gueîmatach-rÁ mí-porçam Telle pièce à-moi bonne paraît, prix-d'elle je-demande.

نرع پنج قران ميارزد

zar'è pandj grÁn míarzad. Par-coudée cinq franc elle-coûte.

من اينرا ميپسندم پولنشرا الان ميدهم

man ín-rÁ mípaçandan poÛlach-rÁ al'Án mídaham. Moi elle j'agrée argent-d'-elle de-suite je donne.

ساعت دوازده كم ربع است وقت نداريم كه چيزى ديگر بخريم حالا بايد منزل بروييم و نهار بخوريم

cÁatè dovÁzda kiam rob' act vakht naddÁrím kiè tchízí dígiar bekharím hÁlÁ bÁyad manzèl beravím o nahÁr be-khorím. Heure douze moins quart est temps non-avons que une chose autre ache-tions maintenant il-faut mai-son que-nous-allions et dé-jeûner que-nous-mangions.

مكالمةً پنجم

mokiÁlamèyè pandjom. Dialogue cinquième.

پهلوى من بنشينيد شما ايا كرسنه هستنيد

pahloÛyè man benechíníd chomÁ ÁyÁ gioroçna haçtíd. Côté-de moi asseyez-vous vous est-ce-que affamé êtes?

بلى خيلى گرسنه وتشنه ام

balè khêîlè gioroçna o tachna am. Oui très affamé et al-téré je-suis.

چه چيز ميخواهيد ما پلو و سيخ كباب داريم

tchè tchíz míkhÁhíd mÁ pelÔou o çíkh-kiabÁb dÁrím. Quelle chose vous-désirez nous pilau et broche-rôti avons.

از هر چيزى كه هست خواهم خورد

az har tchízí kiè haçt khÁham khord. De toute chose qui est je-mangerai.

Pr. Voici aussi du fromage. — Here is cheese also.

E. Quel délicieux fromage! — What a delicious cheese!

E. Mais je voudrais bien boire. — But I should like to drink something.

Pr. Attendez que nous ayons fini. On apportera le sorbet. — Wait till luncheon is over. They will bring sherbet.

E. Comment passerons-nous le temps après déjeuner? — How shall we spend our time after luncheon?

Pr. Puisqu'il ne fait pas trop chaud nous monterons à cheval. — Since it is not too hot we shall have a ride.

E. J'en suis très-content. — How very glad I am.

Pr. J'entends quelqu'un venir; ce doit être un de vos amis. — Some one is coming; it must be one of your friends.

VI. Dialogue entre deux amis. — VI. Dialogue between two friends.

1er ami. Bonjour. — Good day.

2e ami. Bonjour. — Good day.

1) et 2) Ces expressions sont en arabe.

اینك هم پنیر

ínak ham panír. Voici aussi fromage.

عجب پنیر است

adjab panír act. Etonnement fromage est!

لاكن دلم آب میخواهد

lákièn dèl-am áb míkháhad. Mais coeur-de-moi eau désire.

صبر كنید تا تمام كرده باشیم آن وقت شربت میاورند

çabr kioníd tá tamám kiarda báchím án vakht charbat míávarand. Patience faites jusqu'à fin fait que-nous-ayons ce temps sorbet ils-apportent.

بعد از نهار چه طور وقت خواهیم گذارانید

baad az nahár tchè tôour vakht kháhím giozdránid. Après de déjeuner quelle façon temps nous-passerons?

چونكه هوا خیلی گرم نیست سوار خواهیم شد

tchoúnkiè havá khéïlè giarm ní-çt çavár kháhím chod. Comme température très chaud non-est cavalier nous-deviendrons.

از این خیلی خوشحال ام

az ín khéïlè khochhál am. De ceci très-content je-suis.

كسی اینجا میباید باید یكی از دوستان شما باشد

kiaçí índjá míáyad (par contr. *míád*) *báyad yèkí az doúçtánè chomá báchad.* Une personne ici vient il-faut un de amis-de vous que-ce-soit.

مكالمه ششم فی‌مابین دو نفر دوست

mokiálamèyè chèchchom fímábéïn do nafar doúçt. Dialogue sixième entre deux personne ami.

سلامٌ علیكم

çalámon aléïkom. Le salut sur vous [1]).

وعلیكم السلام

valéïkom aç-çalám. Et sur vous le-salut [2]).

1. Comment vous portez-vous? How do you do?

2. Très-bien, je vous remercie. Very well, thank you.

2. Vous êtes le bienvenu. Welcome.

2. Vous êtes le bienvenu. Welcome.

2. Vous êtes le bienvenu. Welcome.

2. Il y avait longtemps que je There was a long time I had
ne vous avais vu.   not seen you.

1. C'est vrai: j'ai été malade. It is true: I was ill.

2. Quelle maladie aviez vous? What was your illness?

1. J'avais la fièvre. I had a fever.

2. N'avez vous pas mandé le Did not you send for a doctor?
médecin?

1. Si, et il m'a guèri. I did, and he cured me.

2. Grâces à dieu! puisse votre Thanks to God! and may your
vie être longue.   life be a long one.

1. Il faut maintenant que je Now I must be off.
prenne congé de vous.

1) Al-hamdo lillâh, expression arabe.

احوال شما چه طور است

ahvâlè chomâ tchè tôour açt.
Etat-de vous quelle façon est.

خیلی خوب است الحمد للّه

khêïlè khoûb açt al-hamdo lil-lâh. Très bon est la louange à dieu [1]).

خوش آمدید

hhoch âmadîd. Agréablement vous-êtes-venu.

صفا آوردید

çafâ âvordîd. Plaisir vous-avez-apporté.

بسیار خوب کرده اید که تشریف آوردید

bèçyâr khoûb kiardè-îd kiè tachrîf âvordîd. Très bien vous-avez-fait que honneur vous-avez-apporté.

خیلی وقت است که شمارا ندیدم

khêïlè vakht açt kiè chomâ-râ nadîdam. Très temps est que vous non-j'ai-vu.

راست است من ناخوش بودم

râçt açt man nâkhoch boûdam. Vrai est moi malade j'étais.

چه ناخوشی داشتید

tchè nâkhochî dâchtîd. Quelle maladie vous-aviez?

تب داشتم

tab dâchtam. Fièvre j'avais.

شما حکیم را نطلبیدید

chomâ hakîm-râ natalabîdîd Vous médecin non-vous-avez-mandé?

بلی طلبیدم ومرا علاج کرد

balè talabîdam o marâ aladj kiard. Oui j'ai-mandé et moi guérison il-a-fait.

الحمد للّه عمر شما زیاد

al-hamdo lillâh omrè chomâ ziyâd. La-louange à Dieu vie-de vous beaucoup.

حالا مرخّص میشوم

hâlâ morakhkhaç mîchavam. Maintenant congédié je-deviens.

2. Vous partez-déjà?

Why so soon?

1. Oui, il faut que je travaille.

I have some work to do.

2. Adieu donc.

Good bye then.

VII.

VII.

Pr. Maintenant, si vous voulez, nous allons monter à cheval.

Now then, if you like, will shall have a ride.

E. Où irons-nous?

Where shall we go?

Pr. Nous irons dans tel village.

We shall go to such and such village.

E. Est-ce loin d'ici?

Is it far from here?

Pr. La distance n'est pas grande; mais je ne saurais vous dire à combien de parasanges il est.

It is not very distant; but I could not tell you how many parasanges there are.

E. Avez-vous déjà voyagé?

Have you travelled much?

Pr, Oui j'ai été deux fois de Téhéran à Tauris.

Yes I went twice from Teheran to Tawris.

E. Avez-vous voyagé seul ou avec une caravane?

Did you travel alom or by caravan?

باین زودی تشریف میبرید

bè-ín zoúdí tachríf míbaríd. Avec cette [vitesse honneur vous-emportez?

بلی باید کار بکنم

balè báyad kiár bekionam. Oui il-faut travail que-je-fasse.

پس خدا حافظ شما

paç khodá háfèzè chomá. Donc Dieu gardien-de vous.

مکالمهٔ هفتم

mokiálumèyè haftom. Dialogue septième.

حالا اگر راضی باشید سوار خواهیم شد

hálá agiar rází báchíd çavár khâhím chod. Maintenant si satisfait que-vous-soyiez cavalier nous-deviendrons.

کجا خواهیم رفت

kiodjá khâhím raft. Où nous-irons?

بفلان ده خواهیم رفت

bè-folán dèh khâhím raft. A tel village nous-irons.

از اینجا دور است یا نه

az indjá doúr açt yâ na. De ici loin est ou non?

مسافتش خیلی نیست ولاکن نمیتوانم بشما بگویم که چند فرسخ است

maçáfatach khëïlè ní-çt valákièn namítavánam bè-chomá begioúyam kiè tchand farçakh açt. Distance-de-lui très non-est mais non-je-peux à-vous que-je-dise que combien parasange est.

شما پیش از این هیچ سفر کرده‌اید

chomá pích az ín hítch çafar kardè íd. Vous avant de ceci aucunement voyage vous-avez-fait?

بلی دو دفعه از طهران تا بتبریز رفتم

balè do dafa az tèhèrán tá bè-tabríz raftam. Oui deux fois de Téhéran jusque à-Tauris je-suis-allé.

تنها سفر کردید یا این که با قافله

tanhá çafar kardíd yá ín kiè bá gafèla. Seul voyage vous-avez-fait ou ceci que avec caravane?

Pr. J'ai été avec une caravane. — It was by caravan.

E. Comment vous êtes-vous procuré un cheval ? — How did you get a horse?

Pr. J'enai loué un. — 1 hired one.

E. Combien d'heures par jour peuvent faire les caravanes ? — How many hours a day can a caravan travel without stopping?

Pr. Cela dépend de la longueur des étapes. — It depends on the length of the staple.

E. Les caravanes s'arrêtent sans doute à certaines stations. — No doubt caravans stop at certain stations.

Pr. Oui, et alors on dresse les tentes. — Yes; then tents are put up.

E. Mais où trouve-t-on des provisions ? — But where are provisions to be found?

Pr. Les caravanes s'arrêtent toujours dans le voisinage d'un village. — Caravans stop always near some village.

E. Aviez-vous un domestique ? — Had you any servant?

با قافله رفتم

bâ gâfèla raftam.

شما اسب چه طور بدست آوردید

chomá açp tchè tôour bè-daçt âvordíd. Vous cheval quelle façon à-main avez-amené?

بنده یك رأس اسب کرایت کردم

banda yèk raaç açp kèrâyat kiardam. Moi une tête (de) cheval louage j'ai-fait.

قافله روزی چند فرسخ طی میتواند بکند

gafèla roûzî tchand farçakh tèi mîtavânad bekionad. Caravane (par un-jour combien parasange parcours elle-peut qu'elle-fasse?

بسته است ببعد منازل

baçta-çt bè-boodè manâzèl. Lié est à-longueur-des étapes.

قافله البته در محلهای معیّن لنگ میکنند

gâfèla albatta dar mahallehâyè moayyan lang mîkionad. Caravane certainement dans stations certaines s'arrêtent (littéralement: boiteux fait).

بلی آن وقت چادر زده میشود

bâlè ân vakht tchâdèr zada mîchavad. Oui ce temps tente frappé devient.

خوب آما ذخیره در کجا پیدا میشود

khoûb ammâ zakhîra dar kiodjâ pêidâ mîchavad. Bien mais provision dans où manifeste devient?

قافله همیشه در نزدیکی دهی توقّف میکنند

gâfèla hamîcha dar nazdîkiyè dèhî tavaggof mîkionad. Caravane toujours dans voisinage-de un-village arrêt fait.

شما نوکر داشتید یا نه

chomâ nôoukiar dâchtîd yâ na. Vous domestique aviez ou non?

Pr. En 'Perse on ne peut voyager sans un cuisinier et un domestique.

In Persia you could not travel without a cook and a servant.

E. Maintenant, si vous voulez, nous allous partir.

If you will, we shall start now.

Pr. Attendez que nos chevaux soient sellés.

Wait till our horses get saddled.

VIII.

VIII.

Pr. Notre promenade vous a-t-elle plu?

Have you enjoyed our trip?

E. Elle m'a beaucoup plu; mais j'ai envie de prendre le thé.

I enjoyed it very much; but I want now to have my tea.

Pr. Moi aussi. Garçons! apportez le narghilé et préparez le samovar.

So do I. Waiter! bring the persian pipe and get ready the samovar.

E. C'est un grand plaisir pour moi de prendre le thé.

It is a great pleasure for me to have my tea.

Pr. Tout le monde est comme vous.

So it is for every body.

در مملکت ایران آدم بی آشپز ونوکر هیچ سفر نمیتواند بکنند

dar mamlakiatè îrân âdam bî âchpaz o nôoukiar hîtch çafar namîtavânad bekionad. Dans pays-de Perse homme sans-cuisinier et domestique aucunement voyage ne-peut qu'il fasse.

حالا اگر بخواهید روان خواهیم شد

hâlâ agiar bekhâhîd ravân khâhîm chod. Maintenant si que-vous-vouliez partant nous-deviendrons.

صبر کنید تا روی اسبهای ما زین ببندند

çabr kiônid tâ roûyè açpehâyè mâ zîn bebandand. Patience faites jusqu'à sur chevaux-de nous selle qu'ils-attachent.

مکالمهٔ هشتم

mokiâlamèyè hachtom. Dialogue huitième.

گردش ما خوشتان آمد

giardèchè mâ khochètân âmad. Promenade-de nous agréable-à-vous est-venu?

خیلی خوشم آمد ولاکن حالا میل دارم که چای بخورم

khêîlè khocham âmad valâkièn hâlâ mêîl dâram kiè tchâi bekhoram. Très agréable-à-moi est-venu mais maintenant envie j'ai que thé je-mange.

من هم میل دارم بچها غلیان بیاورید وسمواررا آتش کنید

man ham mêîl dâram battchahâ ghalyân biyâvarîd (par contr. *biyârîd)* *o çamovâr-râ âtèch kionîd.* Moi aussi envie j'ai garçons ghalyân apportez et samovar feu faites.

هر وقت که چای بخورم لذت میکشم

har vakht kiè tchâî bekhoram lazzat mîkiacham. Tout temps que thé je-prenne jouissance je-tire.

همه کس مثل شما است

hama kiaç mèçlè chomâ-çt. Toute personne pareille-de vous est.

E. Ne pensez-vous que le thé soit prêt.

Don't you think tea is ready.

Pr. Je crois qu'il n'est pas encore infusé.

I believe it is not strong enough yet.

E. Alors je vais aller dans ma chambre. Quand le thé sera prêt appelez moi.

Then I shall go to my room. When tea is ready call me out.

IX.   IX.

Pr. La nuit est venue, il faut aller vous coucher.

Night is come, you must go to bed.

E. J'y vais de suite car j'ai très-sommeil.

I shall go at once because I am very sleepy.

Pr. N'oubliez pas de souffler votre bougie.

Don't forget to put out your candle.

Fin.   Fin.

شما چه گمان دارید چای حاضر است یا نه

chomá tchè giomán dárid tchái házèr açt yá na. Vous quelle opinion avez thé prêt est ou non?

گمان دارم که هنوز دم نکشیده است

giomán dáram kiè hanoúz dam nakiachída-çt. Je pense que encore force non-il-a-tiré.

پس من اوتاق خود میروم هر وقت که چای حاضر باشد مرا صدا کنید

paç man otáyuè khod míravam har vakht kiè tchái házèr báchad mará çèdá kioníd. Donc moi chambre-de soi je-vais tout temps que thé prêt soit moi bruit faites.

———

مکالمهٔ نهم

mokiálamèyè nohhom. Dialogue neuviè me.

حالا شب آمد باید برخت خواب بروید

hálá chab úmad báyad bè-rakhtè kháb beravíd. Maintenant nuit est-venue il-faut à-vêtement-de sommeil que-vous-alliez.

الآن میروم خصوصاً که خیلی خوابم میاید

al'án míravam khouçouçan kiè khêîlè kháb-am míáyad (ou: míáà). De-suite je-vais sur-tout que très sommeil-à-moi vient.

شما فراموش نکنید که چراغ را خاموش کنید

chomá farámoúch nakioníd kiè tchèrágh-rá khámoúch kioníd. Vous oubli non-faites que bougie silencieuse vous-fassiez.

———

تمّ

tamm.

Additions au vocabulaire.	Additions to the vocabulary.
Abattre.	To knock or pull down.
Abattre (S').	To fall down.
Abreuver.	To water.
Abreuvoir.	Watering place.
Absent, e.	Absent.
Absenter (S').	To absent one's self.
Accident.	Accident.
Acteur, actrice.	Actor, actress.
Action.	Deed.
Additionner.	To sum up.
Admirable.	Admirable.
Admirer.	To admire.
Affectueux, se.	Affectionate.
Affligé, e.	Afflicted.
Agent (homme d'affaires).	Agent.
Aider.	To help.
Aiguille (de montre).	Hand.
Aimable.	Amiable.
Ajouter.	To add.
Allonger.	To lengthen.
Alouette.	Lark.
Allée (avenue).	Alley.

ذیل لغت

zéilè loghat.

زمین انداختن ـ خراب کردن	zamín andákhtan. (A) terre jeter; kharáb kiardan. Détruit faire.
افتادن	oftádan.
اب دادن	áb dádan. Eau donner.
ابگاه	ábgiáh.
غایب	gháyèb.
غایب شدن	gháyèb chodan. Absent devenir.
عارضه	árèza.
مقلّد ـ مقلّده	mogallèd; mogallèda.
فعل ـ کار	fèèl; kiár.
جمع کردن	djam kiardan. Addition faire.
قشنک	gachang.
پسندیدن	paçandídan.
با نوازش	bá-novázèch.
افسرده	afçorda.
مباشر	mobáchèr.
کمک کردن	kiomak kiardan. Aide faire.
عقربه	agraba.
مهربان	mèhrèbán.
افزودن	afzoúdan.
دراز کردن	daráz kiardan.
قازلاق	gázlág.
خیابان	khiyábân.

Ambre.	Amber.
Amidon.	Starch.
Amidonner.	To starch.
Amuser.	To amuse.
Ancre.	Anchor.
Antichambre.	Antechamber. Hall.
A peu près.	About; pretty nearly.
Appartement.	Apartments.
Appeler (nommer).	To call.
Appeler (S') (se nommer).	To be called.
Applaudir.	To applaud.
Approcher, act.	To draw near.
Approuver.	To approve of.
Après-midi.	Afternoon.
Architecte.	Architect.
Argenter.	To silver.
Armoire.	Cupboard.
Arrêter (S') (montre).	To stop.
Arrière (d'un vaisseau).	Stern.
Arrière (En).	Backwards.
Arrivée.	Arrival.
Arriver.	To arrive.

عنبر	*ambar.*
نشاسته	*nèchậçta.*
نشاسته زدن	*nèchậçta zadan.* Amidon frapper.
خرّم كردن	*khorram kiardan.* Gai faire.
لنگر	*langiar.*
كفش كن	*kiafch-kian.* Chaussure-dépouille.
تخميناً	*takhminan.*
منزل	*manzèl.*
گفتن	*gioftan.*
اسم .... بودن	*èçmè .... boúdan.* Nom-de .... ètre.
تصديق داشتن - مرحبا گفتن	*taçdig dâchtan.* Applaudissement avoir; *marhabâ gioftan.* Bravo dire.
دادن	*dâdan.*
تصديق كردن	*taçdig kiardan.* Approbation faire.
بعد از ظهر	*baad az zohr.* Après de midi.
معمار	*mèèmâr.*
مفضض كردن	*mofazzaz kiardan.* Argenté faire.
كناجه	*kiondja.*
خوابيدن	*khâbìdan.*
دنباله	*dombâla.*
رو به عقب	*roú bè-agab.* Visage en-arrière.
ورود	*voroúd.*
وارد شدن	*vârèd chodan.* Arrivant devenir.

Artichaut.	Artichoke.
Assurer.	To assure.
Atelier.	Work-shop.
Atmosphère.	Atmosphere.
Atteler.	To put the horses to.
Attentif, ve.	Attentive.
Aube.	Dawn.
Aumone.	Alms.
Aurore.	Dawn.
Avance (D').	Beforehand.
Avant (d'un vaisseau).	Head.
Avant (En).	Forward.
Avoir. 1º J'ai faim, soif; 2º j'ai chaud; 8º j'ai sommeil.	I am hungry, thirsty. I am hot. I am sleepy.

B.

Baguette (de fusil).	Ramrod.
Baigner (Se).	To bathe.
Bailler.	To yawn.
Bain de pieds.	Foot-bath.
Banc.	Bench.
Banquier.	Banker.
Bas (En).	Below.
Bas (Là).	Yonder.

انگنار   *angiènár.*

حقيقةً گفتن   *haguígatan gioftan.* En-vérité dire.

كار خانه   *kiár-khána.* Travail-maison.

جوّ   *djavv.*

اسبها را بعرّاده بستن   *açpehá-rá bè-arráda baçtan.* Chevaux à-voiture attacher.

هوشيار   *houchyár.*

ساحر   *çahar.*

صدقه   *çadaga.*

طلوع فجر   *tolou'è fadjr.* Lever-de aurore.

پيش   *pích.*

جلو   *djèlóou.*

رو به پيش   *roú bè-pích.* Visage en-avant.

كرسنه (نشنه) ام — گرممم هست — خوابم ميايد   1° *gioroçna (tachna) am.* Affamé (altéré) je-suis; 2° *giarm-am haçt.* Chaud-à-moi est; 3° *kháb-am mídyad* (ou *mídd*). Sommeil-à-moi vient.

سنبه   *çomba.*

آب تنى كردن   *áb-taní kiardan.* Lotion faire.

خميازه كشيدن   *khamyáza kiachídan.* Baillement tirer.

پاشويه   *páchoúya.*

نشيمن   *nechíman.*

صرّاف   *çarráf.*

در پائين   *dar páyín.*

آنجا   *ándjá.*

Bécasse.	Snipe.
Bèche.	Spade.
Besoin (Avoir).	To want.
Betterave.	Beet-root.
Bibliothèque.	Library.
Biche	Roe.
Bile.	Bile.
Blanchir.	To wash.
Boîte.	Box.
Bol.	Bowl.
Bonbons.	Sweets.
Bosse.	Hump.
Bossu, e.	Hump-back.
Bougie.	Candle.
Bouilli de viande.	Boiled meat.
Bouilloire.	Kettle.
Boule.	Ball.
Bourre de fusil.	Wad.
Bouteille.	Bottle.
Bracelet.	Arm-ring
Brave (Courageux).	Brave.
Brave. Voy. Honnête.	
Bretelle de fusil.	Gun-sling.
Bretelles.	Braces.
Brique.	Brick.

یلوه	*yalva.*
بیل	*bîl.*
لازم داشتن	*lâzèm dâchtan.* Nécessaire avoir.
چقندر	*tchogondor.*
کتابخانه	*kiètâb-khâna.* Livre-maison.
اهو	*âhoû.*
زرداب	*zardâb.*
شستن	*choçtan.*
جعبه	*djaaba.*
کاسه	*kiâça.*
شیرینی	*chîrîni.*
قوز	*goûz.*
قوزی	*goûzi.*
چراغ	*tchèrâgh.*
گوشت آب پز	*gioûchtè âb-paz.* Viande-à l'eau-cuite.
کتری	*kiatrî.*
کره	*kiora.*
کهنه	*kiohna.*
بطری	*botrî.*
دست بند	*daçt-band.* Bras-lien.
دلیر — رشید	*dalîr; rachîd.*
بند تفنگ	*bandè tofang.*
بند شلوار	*bandè chalvâr.*
آجر	*âdjor.*

Broche (bijou.)	Brooch.
Bronze.	Bronze.
Brouillard.	Fog.
Brosse.	Brush.
Brosse à habits.	Brush.
Brosser.	To brush.
Brun, ne.	Brown; dark.
Buffet.	Cupboard.
Bureau (meuble).	Writing-table.
Burin.	Graver.

C.

Cabine de vaisseau.	Cabin.
Cache-nez.	Neck-kerchief.
Cadre.	Frame.
Cafetier.	Coffee-house keeper.
Caissier.	Cashier.
Canapé.	Sofa.
Canon.	Canon.
Canon de fusil.	Gun-barrel.
Capitaine de vaisseau.	Captain.
Capsule.	Percussion-cap.
Carpe.	Carp.
Casserole.	Saucepan.

گُل سینه   *giolè çína*. Rose-de poitrine.

برنج   *berèndj*.

مه   *mèh*.

پاك كن   *pâk-kion*. Propre-faisant.

ماهوت پاك كن   *mâhoût pâk-kion*. Laine-brosse.

با ماهوت پاك كن پاك كردن   *bâ mâhoût-pâk-kion pâk kiardan*. Avec brosse propre faire.

تیره رنگ   *tíra-rang*. Obscure-couleur (De).

كنجهٴ مشروبات   *kiondjèyè machroûbât*. Buffet-à boissons.

میز تحریر   *mízè tahrír*. Table-de rédaction.

قلم حكّاكى   *galamè hakkiâkí*. Plume-à graveur.

اوطاق كشتى   *otâguè kiachtí*.

كردنبند زمستانى   *giardambandè zèmèçtâní*. Cravatte d'hiver.

چهار چوب   *tchahâr-tchoûb*. Quatre-bois.

قهوهجى   *gahvatchí*.

صندوقدار   *çandoûq-dâr*. Caisse-tenant.

نیم تخت   *ním-takht*. Demi-trône.

طوپ   *toúp*.

لوله   *loúla*.

ناخدا   *nâkhodâ*.

پستانك   *pèçtânak*.

ماهى سیم   *mâhiyè çím*. Poisson d'argent.

دیككچه   *díktcha*.

Cassis.	Black currant
Cave.	Cellar.
Céleri.	Celery.
Célibataire.	Bachelor.
Cendre.	Ashes.
Cerf.	Stag.
Cerfeuil.	Chervil.
Cesser.	To cease
Chambre à coucher.	Bedroom
Chambre meublée.	Furnished room.
Changeur.	Money-changer.
Chanteur, se.	Singer.
Chapeau. Voy. Bonnet.	
Charbon de terre.	Coal.
Château.	Castle.
Chaud (J'ai).	I am hot.
Chaud (Il fait).	It is hot.
Chaudron.	Kettle.
Chaudronnier.	Copper-smith.
Chaumière.	Cottage.
Chaux.	Lime.
Chevreuil.	Roe-buck.
Chicorée.	Succory.
Chiffon.	Rag.

تاجريزى سياه	*tâdjrîziyè çèyâh.* Groseille noire.
زيرزمين	*zîrè-zamîn.* Sous-sol.
كرفس	*kiarafç.*
عزب	*azb.*
خاكستر	*khâkièçtar.*
آهو	*âhoú.*
علف معطّر	*alafè moattar.* Herbe parfumée.
ايستادن	*èçtâdan.*
اوطاق خوابگاه	*otâguè khâb-giâh.* Chambre sommeil-endroit.
اوطاق مزيّن باسباب	*otâguè mozayyan bè-açbâb.* Chambre garnie avec-meubles.
صرّاف	*çarrâf.*
مرد (زن) آوازه خوان	*mardè (zanè) âvâza-khân.* Homme (femme) air-chantant.
زوغال سنگ	*zoúghâlè çang.* Charbon-de pierre.
قصر	*gaçr.*
گرمم است	*giarm-am açt.* Chaud-à-moi est.
گرم است	*giarm açt.* Chaud est.
ديك	*dîk.*
مسگر	*mèç-giar.* Cuivre-façonnant.
خانهء دهقانى	*khânèyè dèhgâní.* Maison de-paysan.
آهك	*âhèk.*
بز كوهى	*bozè kioúhí.* Bouc de-montagne.
كاسنى	*kiâçèní.*
كهنه	*kiohna.*

Chirurgien.	Surgeon.
Ciboule.	Scallion.
Cirage.	Blacking.
Cire.	Wax.
Cirer (1° en général; 2° les chaussures).	1° To wax. 2° To black.
Clarté.	Light.
Classe (1ère, 2ère, etc.).	Class.
Clous de girofle.	Clove.
Cocher.	Coachman.
Coiffeur.	Hair-dresser.
Coin.	Corner.
Colle.	Paste.
Coller, v. n.	To stick.
Collier.	Necklace.
Commis.	Clerk.
Commissaire de police.	Commissary of police.
Commissionnaire.	Errand porter.
Compas.	Compasses.
Comptable.	Accountable.
Conduire.	To lead.
Continuer.	To go on.
Copeaux.	Chips.

جرّاح *djarrâh.*

پيبازچه *piyáztcha.*

رنگ كفش *rangiè kiafch.* Couleur-de chaussure.

موم *moúm.*

موم زدن — رنگ زدن *moúm zadan.* Cire frapper; *rang zadan.* Couleur frapper.

روشنائى *roúchenáyí.*

مرتبه *martaba.*

ميخك *míkhak.*

كالسكچى *kiálèçkiatchí.*

مشّاط *machchát.*

زاويه *závèya.*

سريش *çèrích.*

چسپيدن *tchaçpídan.*

گلو بند *gialoú-band.* Cou-lien.

صاحبمنصب *çáhèb-mançab* (vulg. *çáhmançab*). Possesseur-de fonction.

كتنخداى محله *kiètkhodáyè mahalla.* Chef-de quartier.

گماشته *giomáchta.*

پركار *parkiár.*

محاسب *moháçèb.*

رهنمائى كردن *rahnemáyí kiardan.* Conduite faire.

امتداد دادن *èmtèdád dádan.* Continuation donner.

تراشه *tarácha.*

Corriger (1° une faute; 2° punir). 1° To correct. 2° To punish.

Coucher du soleil. Sunset.
Couler. To flow.

Coup (1° en général; 2° de fusil). 1° Blow. 2° Shot.
Couperet. Chopper.
Couple. Couple.
Cour. Yard.
Courrier. Courier.
Coussin. Cushion.
Couvercle. Cover.
Couvert (Temps). Cloudy.
Cresson. Water-cress.
Creux, se. Hollow.
Crier. To shout.
Crin. Hair.
Crochet. Hook.
Cygne. Swan.

D.

Débarrasser (p. e. la table). To clear away.
Déboucher. To uncork.

Décharger. To unload,
Découdre. To unsew.

تصحيح كردن — تنبيه كردن	1° *taçĥíĥ kiardan.* Correction faire; 2° *tanbíĥ kiardan.* Punition faire.
غروب آفتاب	*ghoroûbè âftâb.*
آمدن — ريزان شدن	*âmadan; rízân chodan.* Coulant devenir.
ضربه — تير	1° *zarba;* 2° *tír.*
كارد بزرگ	*kiárdè bozorg.* Couteau grand.
جفت — زوج	*djoft; zôoudj.*
حياط	*hayât.*
چاپار	*tchâpâr.*
بالش	*bâlèch.*
سرپوش	*çar-poûch.* Tête-couvre.
گرفته	*gièrèfta.*
نره تيزك	*tara-tizak.*
خالى	*khâlí.*
فرياد كردن	*faryâd kiardan.* Cris faire.
مو	*moû.*
چنگال	*tchangiâl.*
قو	*goû.*

بر چيدن	*bar-tchídan.*
سر شيشه را بيرون آوردن	*çarè chicha-râ biroûn âvordan.* Tête-de bouteille (= bouchon) dehors amener (= extraire).
در كردن	*dar-kiardan.*
شكافتن	*chèkiâftan.*

Découper.	To carve.
Dedans (Au).	Inside.
Dehors (Au).	Outside.
Défaire.	To undo.
Défendu.	Prohibited.
Dégraisser (1° un met; 2° nettoyer).	1° Take out the fat; 2° to scour.
Dégraisseur.	Scourer.
Départ.	Departure.
Déranger.	To disturb.
Désert.	Desert.
Dessinateur.	Draughtsman.
Dessous (Au).	Underneath.
Dessus (Au).	Above.
Détacher.	To untie.
Dételer.	To take out of a carriage.
Digérer.	To digest.
Digérer (Se).	To be digested.
Dinde.	Turkey.
Dissiper (un mal, etc.).	To cause to cease.
Dissiper (Se).	To cease.
Divers, se.	Various.
Dividende (arithm.).	Dividend.

پارچه پارچه کردن — *pártchá partchá kiardan.* Morceau morceau faire.

اندرون — *andaroún.*

بيرون — *bîroún.*

وا کردن — *vá-kiardan.*

حرام — ممنوع — *harám; mamnoú.*

جربى کشيدن — لکه گرفتن — *tcharbí kiachídan.* Graisse retirer; *lakkia gièrèftan.* Tache enlever.

لکه گير — *lakkia-gír.* Tache-enlève.

حرکت — *harakiat.*

تشويش کردن — *tachvích kiardan.* Dérangement faire.

صاحرا — *çahrâ.*

طراح — *tarráh.*

در زير — *dar zír.*

در روى — *dar roúi.*

وا کردن — *vá-kiardan.*

اسپهارا از عراده وا کردن — *açpehá-rá az arráda vá-kiardan.* Chevaux de voiture défaire.

تحليل کردن — *tahlíl kiardan.* Digestion faire.

تحليل رفتن — *tahlíl raftan.* Digestion aller.

بوقلمون — *bougalamoún.*

رفع کردن — *raf kiardan.* Enlèvement faire.

رفع شدن — *raf chodan.* Enlèvement devenir.

مختنلف — *mokhtaléf.*

مقسوم — *maqçoúm.*

Diviser.	To divide.
Diviseur (arithm.)	Divisor.
Domestique, adj.	Domestic.
Donner sur (la rue, le jardin, etc.).	To look into.
Donner (Soleil).	To shine,
Dorer.	To gild.
Doreur.	Gilder.
Doublure.	Lining.
Doucement.	Sofly, gently.
Drap de lit.	Sheet.
Dur, e.	Hard.

E.

Echalotte.	Shallot.
Echantillon.	Pattern.
Eclipse (1º de toleil; 2º de lune).	Eclipse.
Ecureuil.	Squirrel.
Elégant, e.	Elegant.
Emballeur.	Packer.
Empeser.	To starch.
Encadrer.	To frame.
Enclume.	Anvil.
Encore (plus).	Some more.
Encrier.	Inkstand.

تقسيم كردن ‏ taqçîm kiardan. Division faire.

مقسوم به ‏ mayçoûm bèh (litt. *divisé par lui*, expr. arabe = au moyen duquel on divise).

خانگى ‏ khânagî.

بسمت .... بودن ‏ bè-çèmtè .... boûdan. Du-côté-de .... être.

تافتن ‏ tâftan.

مطلّا كردن ‏ motallâ kiardan. Doré faire.

مطلّا ساز ‏ motallâ-çâz. Doré-faisant.

آستر ‏ âçtar.

يواش ‏ yavâch.

شمد ‏ chamad.

ساخت ‏ çakht.

پياز كوهى ‏ piyâzè kioûhî. Oignon de-montagne.

نمونه ‏ nemoûna.

كسوف — خسوف ‏ 1° kioçoûf; 2° khoçoûf.

سوسار ‏ çoûçâr.

قشنگ ‏ gachang.

صندوق ساز ‏ çandoûg-çâz. Coffre-fabricant.

نشاسته زدن ‏ nèchâçta zadan. Empois frapper.

چهار چوب گذاردن ‏ tchahâr-tchoûb giozârdan. Cadre exécuter.

سندان ‏ çèndân.

بازهم ‏ bâzham. A.

دوات ‏ davât.

Enfoncer (S').	To sink.
Ennuyer.	To weary.
Ennuyer (S').	To be weary.
Ensuite.	Afterwards.
Enveloppé, e.	Wrapped up.
Envelopper.	To wrap up.
Essuyer.	To wipe.
Estragon.	Tarragon.
Exécuter (1º un ordre, un ouvrage; 2º mettre à mort).	1º To perfom. 2º To execute.

فرو رفتن   *feroŭ-raftan.*

دلتنگ (کسل ou) کردن   *dèltang* (ou: *kiaçl*) *kiardan.* Triste (ou: ennui) faire.

دلتنگ (کسل ou) شدن   *dèltang* (ou *kiaçl*) *chodan.* Triste (ou: ennui) devenir.

من بعد   *mèn baad.*

ملفوف   *malfoúf.*

لفّ کردن   *laff kiardan.* Action-d'envelopper faire.

باك کردن   *pák kiardan.* Propre faire.

ترخان   *tarkhân.*

گذاردن — بجا آوردن — کشتن   1° *giozărdan; bè-djă ăvordan.* En-lieu apporter; 2° *kioch-tan.*

TABLE DES MATIERES.

ERRATA.

Page 7, colonne 2, placez 1° devant *çèdá* et 2° devant *khándan.*

Page 10, col. 1, Artichaux. Lisez: Artichaut.

Page 21, col. 1, l. 16, سوختـه شـدن. Lisez: سوختن.

Page 21, col. 2, l. 17, *çoúkhta chodan.* Lisez: *çoúkhtan.*

Page 41, col. 1, l. 20, رجسـت. Lisez: رجست.

Page 43, col. 1, l. 15, متغاوت. Lisez: متفاوت.

Page 48, col. 2, l. 8, Chilhood. Lisez: Childhood.

Page 49, col. 1, l. 4, بيشتر — ديگر. Lisez: بازهم.

Page 49, col. 2, l. 6, *bíchtar; dígiar.* Lisez: *bázham.*

Page 63, col. 1, l. 6, كردو. Lisez: كردن.

Page 67, col. 1, l. 15, ناختـن. Lisez: تاختن.

Page 71, col. 2, av. d. l. Reine de faire. Lisez: Remède faire.

Page 80, col. 2, l. 21, heerful. Lisez: Cheerful.

Page 81, col. 1, intervertir les lignes 13 et 14.

Page 81, col. 2, intervertir les lignes 15 et 16.

Page 88, après Main, ajoutez Maintenant — Now — حالا — *hálá.*

Page 97, col. 2, l. 25, effacez A après Ministère-maison.

Page 122, article: Personne, ajoutez au persan شاخص et à
la transcription *chakhç.*

Pages 123, col. 1, l. 6, أزن Lisez: انن.

Page 123, col. 2, l. 18, au lieu de A, lisez: Poids-de … être.

Page 137, col. 1, l. 1 پوسیدن. Lisez: پرسیدن.

Page 139, col. 2, l. 17, *giâh-giâch*. Lisez: *giâh-giâh*.

Page 140, col. 1, l. 3, Raccommoder. Lisez: Raccourcir.

Page 140, col. 2, d. l., ajoutez: to range, to set in order.

Page 144, col. 2, 3° l. av. la fin, Tho. Lisez: To.

Page 145, col. 2, 5° l. av. la f., *kiètâbtça*. Lisez: *kiètâbtcha*.

Page 149, col. 1, l. 13, شبینة. Lisez: شبیه.

Page 151, col. 1, l. 7, مرتبه. Lisez: مرتبهٴ.

Page 157, col. 1, dern. l. فریاح. Lisez: فریاد.

Page 159, col. 1, l. 9, مافند. Lisez: مانند.

Page 177, col. 1, l. 9, ربیاد. Lisez: زبیاد.

Page 190, col. 1, av. dern. l., lion. Lisez: livre.

Page 193, col. 1, av. d. l., أبین. Lisez: أبینرا.

Page 194, col. 1, av. d. l., du. Lisez: des.

Page 204, av. d. l., Cetle. Lisez: Cette.

Page 205, col. 1, l. 6, هسیك. Lisez: هستنیك.

Page 205, col. 2, l; 11 paressseux. Lisez: paresseux.

Page 206, col. 1, l. 2, me. Lisez: mes.

Page 206, col. 1, av. d. l., voilé. Lisez: voilà.

Page 208, col. 1, l. 9, cst. Lisez: est.

Page 215, col. 1, av. d. l., effacez من.

Page 215, col. 2, 7 l. av. la f., *as*. Lisez: *az*.

Page 217, col. 2, l. 19, craigniez. Lisez: craignez.

Page 224, col. 2, av. d. l. alom. Lisez: alone.

Page 226, col. 1, l. 4, J'cnai. Lisez: J'en ai.

Page 239, col. 1, l. 15 پف. Lisez: پز.

EXTRAIT DES CATALOGUES

DE LA LIBRAIRIE

MAISONNEUVE & Cie.

OUVRAGES POUR L'ÉTUDE DE L'ARABE.

Aboulféda. Géographie d'Aboulféda, traduite de l'arabe en français par M. Reinaud, et accompagnée de notes et d'éclaircissements. *Paris, imp. nat.*, 1848, tom. I et II, 1re partie, in-4, br., avec planches, 791 pp. . . . . 42 fr.

    La fin du deuxième volume, qui termine l'ouvrage, paraîtra prochainement.

Amro'lkais. Le diwan d'Amro'lkais précédé de la vie de ce poète par l'auteur du *Kitab-el-aghani* (texte arabe), accompagné d'une traduction et de notes par Mac Guckin de Slane. *Paris*, 1837, in-4, br., 180 pp. (Publié à 20 fr.).   10 fr.

    Amro'lkais, un des premiers poètes des Arabes, vécut vers le milieu du VI siècle de l'ère vulgaire. Son poème fait partie de la collection des *Moallaqat.*

Bernard (H.). Notice géographique et historique sur l'Egypte, 2e édition. *Paris*, 1869, in-18, br., carte. . . . . 3 fr.

— Vocabulaire français-égyptien *(arabe en caractères latins)*. Troisième édition, augmentée d'un aperçu historique de la basse Egypte. *Paris*, 1877, in-18, br. . . . . . 3 fr. 50

Caussin de Perceval. Grammaire arabe vulgaire pour les dialectes d'Orient et de Barbarie. Quatrième édition. *Paris*, 1858, in-8, br. . . . . 6 fr. 50

    „Faciliter aux voyageurs, aux négociants, aux divers fonctionnaires de notre gouvernement, en Levant et en

Barbarie, les moyens de communiquer verbalement ou par écrit avec les Arabes; abréger autant qu'un livre peut le faire, le long apprentissage que l'étranger transporté dans ces contrées est obligé de subir lors même qu'il s'est livré en Europe, à l'étude de la langue savante, tel a été le but que je me suis proposé." PRÉFACE.

Clément-Mullet (J. J.). Le livre de l'agriculture d'IBN-AL-AWAM (*Kitab-al-Félahah*). traduit de l'arabe. *Paris*, 1864—67, 3 vol. in-8, br. 1334 pp., pl. . . . . 22 fr.

Ouvrage important couronné par la Société d'agriculture de Paris.

Coran. Le Coran. Texte arabe de FLÜGEL revu et publié par REDSLOB. Nouvelle édition. *Paris*, 1870, in-8, eart., 529 pp. . . . . 20 fr.

Très-belle édition correcte et d'une exécution typographique qui ne laisse rien à désirer. Chaque page est entourée d'un filet rouge, et tous les chapitres sont imprimés en couleur avec ornements.

— Le Koran analysé d'après la traduction de M. Kazimirski et les observations de plusieurs autres savants orientalistes par J. LA BEAUME. *Paris*, 1878, un vol. gr. in 8 de XXIII et 800 pp. . . . . 20 fr.

Dozy. Essai sur l'histoire de l'islamisme, traduit du hollandais. par V. CHAUVIN. *Paris et Leyde*, 1879, in 8, br. VIII et 326 pp. . . . . 7 fr. 50

Dugat et Farès Echchidiac. Grammaire française à l'usage des Arabes de l'Algérie, de Tunis, du Maroc, de l'Egypte et de Syrie. *Paris*, *Imp. imp.*, 1854, in-8, br. 125 pp. 5 fr.

Cette grammaire, imprimée avec beaucoup de soin à l'imprimerie nationale, est le meilleur guide que puissent prendre les Arabes des contrées barbaresques et ceux de l'Asie occidentale pour étudier la langue française, dont les principaux éléments n'ont été exposés nulle part ailleurs dans une forme aussi propre à leur en faciliter l'acquisition. Dans les dialogues, on a introduit au bas de chaque page un essai de transcription et de prononciation des mots de notre langue en caractères neskky.

Dugat (G.). Histoire des philosophes et théologiens musulmans. *Paris*, 1878, in 8, de XLIII et 385 pp. 7 fr. 50

Faris el Chidiac. La vie et les aventures de Fariac, relation de ses voyages avec ses observations critiques sur les
Arabes et sur les autres peuples, en Arabe. *Paris*, 1855, un
beau vol. gr. in-8 de 26 et 712 pp. . . . . 25 fr.

Garcin de Tassy. *Science des Religions*. L'ISLAMISME,
d'après le Coran, l'enseignement doctrinal et la pratique.
Paris, 1874, in-8, br. . . . . 7 fr. 50
— Mémoires sur les noms propres et les titres musulmans. Deuxième
édition suivie d'une notice sur les vêtements avec inscriptions
arabes, persanes et hindoustanies. *Paris*, 1878, in 8, br.
128 pp. planches . . . . 5 fr.

Guyard (S.). Fragments relatifs à la doctrine des Ismaélis.
Texte arabe publié pour la première fois avec une traduction
complète et des notes. *Paris*, 1874, in-4, br. . . 7 fr. 50
— Traité de la prédestination et du libre-arbitre par ABDAR-
RAZZAQ. Traduction nouvelle, revue et corrigée. *Paris*, 1875,
in-8, broché. . . . . 2 fr.
— Le même ouvrage. Texte arabe publié pour le première fois.
Paris, 1879, in 8, br. . . . . 3 fr.
— Théorie nouvelle de la métrique arabe précédée de considé-
rations générales sur le rhythme naturel du langage. *Paris*,
1877, in 8, br. . . . . 12 fr.
— Un grand maître des Assassins au temps de Saladin. *Paris*,
1877, in-8, br., 168 pp. avec texte arabe. . . . . 5 fr.
    Ce travail renferme de précieux renseignements sur la
secte ismaélienne. C'est une excellente contribution à l'histoire des sectes musulmanes.

Halévy (J.). Etudes sabéennes. Examen critique et philolo-
gique des inscriptions sabéennes connues jusqu'à ce jour. *Paris*, 1875, in-8, br. 240 pp. . . . . 15 fr.
    Tiré à 50 exemplaires seulement. Très-important mémoire.

Handjéri (le prince A.). Dictionnaire français, arabe, persan et turc, enrichi d'exemples en langue turque avec des
variantes, et de beaucoup de mots d'arts et de sciences. *Mos-
cou*, 1840—41, 3 vol. in-4, br., 2457 pp. à 2 col. 200 fr.
    Dictionnaire estimé, publié à 300 fr.

Kazimirski (A. de Biberstein). DICTIONNAIRE ARABE-FRAN-
ÇAIS, contenant toutes les racines, leurs dérivés dans les idio-
mes vulgaires et littéral, dialectes d'Alger et de Maroc. *Paris*, 1860, 2 vol. gr. in-8, br. 3030 pp. à 2 col. . 105 fr.
Pour la reliure en demi-maroquin. . . . . . . 15 fr. en sus.

Kitab-al-Fihrist mit Anmerkungen hrsgg. von G. FLUEGEL. *1 Band*. Den Texte enthaltend v. Dr. RŒDIGER. *II Band*. Die Anmerkungen und Indices enthaltend v. AUG. MÜLLER. *Leipzig*, 1871—72, 2 vol. in-4, br. . . . . 80 fr.

Mallouf (N.). Guide de la conversation en turc, en arabe et en persan. *Smyrne*, 1853, in-8, obl. br. . . . 3 fr. 50

— *Fevaydi Charquiyé*, ou abrégé de grammaire turque, arabe et persane, expliquée en turc. *Smyrne*, 1854, in-8, br. . 3 fr. 50

— Guide de la conversation en trois langues: français, anglais, arabe (*dialecte d'Egypte et de Syrie*), l'arabe avec la prononciation figurée. *Paris*, 1864, in-18, br. 208 pp. . 4 fr.
Ce guide est appelé à rendre de grands services aux voyageurs et aux commerçants qui visitent la Syrie et l'Egypte.

Marcel (J. J.). Dictionnaire français-arabe des dialectes vulgaires d'Alger, d'Egypte, de Tunis et du Maroc. Deuxième édition. *Paris*, 1869, un beau vol. in-8, de 570 pages à 2 col. br. . . . . 7 fr.

Martin (A.). Dialogues arabes-français, avec la prononciation figurée. *Paris*, 1847, in-8, br. 208 pp. . . . . 6 fr.

Nabiga Dhobyani. Le Dîwân, texte arabe, publié pour la première fois, suivi d'une traduction française, et précédé d'une introduction historique, par H. DERENBOURG. *Paris, imp. imp.*, 1869, un beau vol. in-8, br. 272 pp. 9 fr.

Pharaon et Bertrand. Vocabulaire français-arabe à l'usage des médecins, vétérinaires, sages-femmes, pharmaciens, herboristes, etc. *Paris*, 1860, in-12, br. 204 pp. . . . 5 fr.

Querry (A.). Droit musulman. Recueil de lois concernant les musulmans schytes. *Paris, imp. nat.*, 1871—72, 2 vol. gr. in-8, br. . . . . 80 fr.

Reinaud. Monuments arabes, persans et turcs du cabinet du duc de Blacas et d'autres cabinets; considérés et décrits d'après leurs rapports avec les croyances, les mœurs et l'histoire des nations musulmanes. *Paris*, 1828, 2 vol. in-8, 10 pl. 888 pp. . . . . 15 fr.
Savant ouvrage, le seul dans son genre, formant un traité complet d'épigraphie orientale.

Reinaud. Notice sur les dictionnaires géographiques des Arabes et sur le système primitif de la numération chez les peuples de la race berbère. *Paris*, 1861, in-8, br. 54 pp. . . . . 3 fr.

— Notice sur la gazette arabe de Beyrouth. *Paris*, 1858, in-8, br. . . . . 1 fr. 50

— De l'état de la littérature chez les populations chrétiennes arabes de la Syrie. *Paris*, 1856, in-8, br. . . . . . 2 fr.

Sacy (Sylvestre de). Mémoires sur les antiquités de la Perse et sur l'histoire des Arabes avant Mahomet. *Paris*. In-4, br. pl. . . . . 5 fr.

    Ce volume est une fort bonne introduction à l'ouvrage de M. Caussin de Perceval.

Sautayra et **Cherbonneau.** *Droit musulman :* Du statut personnel et des successions. *Paris*, 1873—74, 2 vol. in-8, br. 16 fr.

Sautayra. Législation de l'Algérie. Lois, ordonnances, décrets et arrêtés par ordre alphabétique. *Paris*, 1879, gr. in 8, br. à 2 colonnes de V—667 pp. et 3 cartes. . . 20 fr.

Sédillot (**L. A.**). Histoire générale des Arabes, leur empire, leur civilisation, leurs écoles philosophiques, scientifiques et littéraires. *Paris*, 1877, 2 beaux vol. in-8, de près de 1,000 pages. . . . . 15 fr.

OUVRAGES POUR L'ÉTUDE DU PERSAN.

Bergé (**A.**). Dictionnaire persan-français. *Paris et Leipzig*, 1869, in-12, cart. 674 pp. . . . . 10 fr.

Firdousi. Le livre des Rois, publié en persan avec une traduction française en regard, par J. MOHL. *Paris, Imp. nationale*, 1838—78, 7 vol. in-fol., cart. Chaque volume. 100 fr.

    Magnifique ouvrage, le plus beau spécimen de typographie orientale qui soit sorti des célèbres presses de l'imprimerie nationale. Les tomes I et II sont épuisés.

— Shah Nameh, ou le Livre des rois. Texte persan, publié d'après les éditions de Paris et de Calcutta, revu avec soin et accompagné de notes critiques par J. A. VULLERS. *Paris et Leyde*, 1877—79. Tomes I et II in 8, br. . . 52 fr.

    Cette nouvelle édition se composera de quatre volumes formant un total de 2,240 pages.

Garcin de Tassy. Grammaire persane, trad. de W. Jones. Deuxième édition. *Paris*, 1845, in-12, br. 129 pp.   5 fr.

— *Mantic Uttair*, ou le langage des oiseaux, par Farid Uddin Attar, publié en persan. *Paris*, 1857, in-8, br. 188 pp. . . . . 10 fr.

— Le même ouvrage, traduction française. *Paris*, 1863, in-8, br. 200 pp. . . . . 10 fr.

— La poésie philosophique et religieuse chez les Persans, d'après le *Mantic Uttair*. Complément de l'ouvrage précédent. Quatrième édition. *Paris*, 1864, in-8, br. 76 pp. . . 2 fr. 50

— Note sur les Rubâ'iyât de Omar Khaïyâm. *Paris*, 1857, in-8, br. 35 pp. . . . . 8 fr.

Nicolas. Dialogues persans-français, avec la prononciation figurée. Deuxième édition. *Paris*, 1869, gr. in-8, x et 331 pp. . . . . 15 fr.

— Les Quatrains de Khéyam, publiés pour la première fois et suivis de la traduction française. *Paris*, *Imp. imp.*, 1867, gr. in-8, XV et 220 pp. . . . . 15 fr.

   Omar el Khéyami, l'un des plus célèbres poètes de la Perse, vivait au XIe siècle. Il n'était guère connu en Europe que par l'ouvrage de M. Woepke, non comme poète, mais comme algébriste.

Sadi. Le Gulistan, ou le Parterre des fleurs, traduit littéralement avec des notes historiques et grammaticales, par Semelet. *Paris*, 1834, in-4, br. 410 pp. . . . . . 10 fr.

Tabari (Abou Djafar Mohammed ben Djarir ben Yezid). Chronique, traduite sur la version persane de Abou Ali Mohammed Belami, d'après les mss., par H. Zotenberg. *Paris*, 1867—74, 4 vol. in-8, br. . . . . 40 fr.

   Cet ouvrage, célèbre en Orient, comprend l'histoire du monde depuis sa création jusqu'à l'an 302 de l'hégire. — C'est une chronique très-importante surtout pour l'histoire de la conquête de la Perse par les Arabes.

OUVRAGES POUR L'ÉTUDE DU TURC.

Belletête. Contes turcs extraits des Quarante Vizirs. *Paris* 1812, in-4, br. 257 pp. . . . . 7 fr.

Bianchi et Kieffer. Dictionnaire turc-français et français-turc. *Paris*, 1843—1850, 4 vol. in-8, br. . . . . 800 fr.

— Vocabulaire Français-Turc. *Paris*, 1829, in-8, br. . 24 fr.

Dora d'Istria. La poésie des Ottomans. Deuxième édition. *Paris*, 1877, un beau vol. in-12, imprimé par Quantin sur beau papier de Hollande et à petit nombre.. . . 3 fr. 50

Dubeux (L.). Eléments de la grammaire turque. *Paris*, 1856, in-12, br. 120 pp.. . . . . 4 fr.

Letellier (V.). Vocabulaire oriental: français, italien, arabe, turc et grec, pour la seule prononciation. *Paris*, 1838, in-8, oblong, br.. . . . . 5 fr.

— Choix de fables, trad. eu turc, et publiées avec une version française et un glossaire. *Paris*, 1826, un beau vol. in-8, br. 340 pp. . . . . 3 fr. 50

Mallouf (N.). Grammaire élémentaire de la langue turque; suivie de dialoguès familiers avec la prononciation figurée, et d'un petit secrétaire ou modèle de lettres, du Hatt impérial du 1er juillet 1861, et des Traités de commerce entre la Sublime Porte, la France et l'Angleterre, avec la traduction française et anglaise. *Paris*, 1862, in-8, br. 204 pp. 5 fr.

— Dictionnaire français-turc, 3e édition augmentée, avec la prononciation figurée. (sous presse).

— Dictionnaire turc-français, avec la prononciation figurée. *Paris*, 1862—67, 2 vol. in-12, br. 1489 pp. à 2 col. 30 fr.

— Guide de la conversation en cinq langues: *italien, grec moderne, turc, français et anglais. Paris*, 1859, in-8, oblong. 6 fr.

— Guide de la conversation en quatre langues: *français, grec moderne, anglais et turc. Paris*, 1859, in-18, br. . 5 fr.

— Guide de la conversation en trois langues: *français, anglais et turc*, avec la prononciation figurée. *Paris*, 1860, in-18, VI et 202 pp. . . . . 4 fr.

— Guide de la conversation en deux langues: *anglais et turc. Paris*, 1859, in-18, 140 pp. . . . . 8 fr.

— *Elif-Djusy*, ou Syllabaire ottoman. Nouvelle édition. *Paris*, 1863, in-8, cart. 64 pp. . . . . 2 fr. 50

Pavet de Courteille. Histoire de la campagne de Mohacz par Kémal Pacha Zadeh, publiée en turc, avec la traduction française et des notes. *Paris, imp. imp.*, 1859, in-8, br. 800 pp. . . . . 8 fr.

Redhouse (J. W.). Grammaire raisonnée de la langue ottomane. Suivie d'un appendice contenant l'analyse d'un morceau de composition ottomane où sont démontrées les différentes règles auxquelles les mots sont assujettis. *Paris*, 1846, grand in-8, br. 340 pp. . . . . 18 fr.

Timoni (A.). Guide de la conversation français-turc, avec la prononciation figurée. *Paris*, 1854, in-12, br. XXXI et 182 pp. . . . . 4 fr.

Baber. Mémoires de Baber (*Zahir-ed-din-Mohammed*), fondateur de la dynastie mongole dans l'Hindoustân. Traduits pour la première fois sur le texte djagatai par A. Pavet de Courteille, professeur au Collège de France. *Paris*, 1872, 2 beaux vol. in-8, br. 934 pp. . . . . . . 18 fr.

Pavet de Courteille (prof. au Collège de France). Dictionnaire turk oriental (djagatai), destiné principalement à faciliter la lecture des ouvrages de Baber, Aboul Gâzi et de Mir-Ali-Chir-Nevai. *Paris, imp. impér.*, 1870, gr. in-8, br. de 560 pp. . . . . 12 fr.